매일매일
엄마랑 아기랑

말/씀
태교동화

김태은 글
베티나 고첸-비크 그림

토기장이

글 | 김태은

아이를 낳기 전까지는 CBS, 극동방송, CTS 등 기독교방송국에서 14년간 구성작가로 활동해왔습니다. 동시에 WOWCCM 〈테니의 솜사탕〉 라디오 DJ를 맡기도 했습니다. 글 쓰는 일을 멈출 수 없어서 결혼 에피소드를 쓴 수필로 '계간 크리스천문학'에 등단하였고, 동시를 써서 '월간 아동문학'에 '아동문학가'로 등단했습니다. 하지만 아이를 키우다 보니 엄마로서 모르는 것이 너무 많았습니다. '왜 엄마가 되는 법을 아무도 가르쳐 주지 않을까?' 깊은 무력감과 죄책감에 시달렸습니다. 그렇게 고민하던 차에 '엄마를 위한 라디오' 〈맘스라디오〉를 기획하였고, 현재 모바일 방송국을 운영하고 있습니다. '엄마가 행복해야 아이가 행복하다'라는 생각으로 삼시 세끼 밥을 차리듯 글을 쓰고, 방송을 만들고, 사람들과 재밌는 일들을 기획하고 있습니다.

그림 | 베티나 고첸-비크 Betina Gotzen-Beek

어릴 때부터 미술에 남다른 재능을 보인 그녀는, 12세 때 미술품 복원 실습과정을 이수했고, 이후 그래픽 디자인과 조형 미술 등 다양한 분야를 공부했습니다. 1996년에 처음으로 어린이 그림책을 출간했고, 이후 늘 새로운 기법을 개발해 어린이들의 상상력을 자극하는 그림책을 만들고 있습니다. 2006년에 출간된 「농장에 레아 비르벨빈트」Lea Wirbelwind auf dem Bauernhof로 독일 농업 아동상을 수상했으며 작품으로는 「장난꾸러기 레아가 학교에 갈 수 있을까요?」창조아이 외 다수가 있습니다.

추천의 글

유대인은 소수 민족입니다. 이스라엘 인구를 포함해 전 세계에 거주하는 유대인은 1,800만 명이 채 안 됩니다. 전 세계 인구의 약 0.25% 정도죠. 하지만 유대인은 세계 최강국인 미국을 지배하고 있습니다. 1901년부터 2009년까지 유대인 노벨상 수상자는 180명(개인 수상자의 22%)이나 됩니다. 그 비결이 뭘까요? 바로 '교육'입니다. 유대인은 특히 태교를 중시합니다. 임신을 하면 부부 모두 기쁘고 즐거운 마음을 갖기 위해 노력합니다. 건강하고 밝은 성격의 아기를 낳기 위해서죠. 지혜의 왕 솔로몬이 지은 잠언집을 매일 태아에게 들려주는 '잠언태교'도 그들만의 독특한 태교법입니다. 이 태교동화책에는 유대인의 잠언태교를 능가하는 지혜로운 성경 말씀이 가득합니다. 독일 작가의 일러스트는 얼마나 따뜻하고 예쁜지요. 임신 중에는 예비 엄마 아빠가 들려주고, 아이가 자라면 혼자서도 볼 수 있는 훌륭한 말씀태교동화책입니다.

고재학 「부모라면 유대인처럼」 저자, 한국일보 논설위원

태교의 시간을 통해 아이의 존재를 실존적으로 받아들이고, 태아와 관계 맺고 부모가 되는 역할 연습을 하는 것은 꼭 필요한 과정일 것입니다. 이 태교동화에는 부모와 아이의 관계와 소통을 만들어 주는 사랑의 이야기가 담겨 있습니다. 마음의 준비를 한 만큼 부모도 아이도 한 뼘 더 행복해질 것입니다.

김지윤 좋은연애연구소 소장

현실감각, 직관, 재치와 유머, 그리고 깊은 영성! 저자를 생각하면 떠오르는 단어들입니다. 선교사의 꿈을 가진 골드미스에서 아내이자 엄마, 며느리로서 배역을 바꾼 그녀가 결국 이런 일을 낼 줄 알았습니다. 성경 속의 무궁무진한 상상력과 영감들이 엄마의 입을 통해 아이에게 들어가는 일은 마치 하나님께서 아담에게 생기를 불어넣으신 일과 흡사한 일이 아닐까 생각해봅니다. 깊은 영성 가운데 나온 생기가 이 책을 통해 세상의 모든 엄마와 아이들에게 전해질 것을 생각하니 가슴이 두근거립니다.

김필원 CBS 아나운서, CBS라디오 '김필원의 12시에 만납시다' 진행

신앙이 없던 시절에 아이를 재울 때 저는 겁을 주거나 야단을 치기도 했습니다. 마음은 늘 좋은 엄마가 되고 싶었지만, 뜻대로 되지 않으면 어느새 폭력적인 모습을 보이곤 했습니다. '진작 하나님을 알았더라면' 하는 깊은 아쉬움은 마음속에서 사라지지 않고 남아 있는 흔적입니다. 김태은 작가의 신앙적 묵상이 담긴 이 책을 읽고 있으면 어른인 제 마음에도 따스한 하나님의 음성이 들리는 듯합니다. 우리 아가들이 배 속에서부터 엄마의 사랑이 담긴 이 메시지를 들으며 얼마나 행복하게 성장할까를 생각하니 깊은 감사의 마음이 올라옵니다.

박재연 대화교육안내자, 리플러스 대화교육 대표, 前 국제아동인권센터 강사

우리의 다음 세대가 살아야 하는 세상은 더욱 영적 싸움이 치열할 것입니다. 그래서 우리 자녀들을 말씀으로 무장시키는 것은 그 무엇보다도 중요합니다. 자녀가 어릴 때는 말씀을 이야기로 풀어서 밥을 먹이듯 아이에게 말씀을 먹여주면 좋습니다. 그러한 뜻에서 이 책은 중요한 성경이야기를 태아에게 재미있게 들려주도록 기획된 책이라 아주 유익하다고 생각합니다. 자녀가 엄마 배 속에 있을 때부터 하나님의 말씀을 풍성하게 들려주시고 축복해주십시오. 그것

이 자녀를 위해 부모가 할 수 있는 최고의 사랑이라고 확신하며 이 책을 기쁘게 추천합니다.

이기복 「성경적 부모교실」 저자, 前 한동대·횃불트리니티신학대학원 교수

이 책은 성경 말씀을 아가의 눈높이에서 들려줄 뿐 아니라 말씀이 실제 아가의 삶 속에 적용되도록 인도해줍니다. 예를 들어, 요셉의 이야기를 들려줄 때 다음과 같은 태담의 내용이 나옵니다. "아가야, 사실 용서는 쉬운 게 아니야. 하지만 예수님은 우리에게 서로 사랑하라고, 원수도 사랑하라고 말씀하셨어." 이처럼 단순히 좋은 이야기로 끝나지 않고 아가가 원수를 사랑하는 예수님 닮은 아이로 자라나도록 소망하게 하고 기도하게 만듭니다. 그리고 이 기도의 아름다운 결말은 태어날 아가보다 부모인 우리 자신에게 먼저 이루어져야 하겠지요. 우리 아이가 하나님의 아이로 자라나길 소망하는 모든 부모에게 따스한 선물이 될 책입니다.

이요셉 다큐 사진작가, 「결혼을 배우다」 저자

아이들에게 꼭 읽어 주고 싶은 태교책이 없어서 아쉬웠는데 성경적인 태교책이 출간되어 무척 기쁩니다. 매일 아이에게 이 책을 읽어 주며 기도한다면 하나님의 성품을 닮은 아이가 태어날 것이라고 확신합니다. 세상의 모든 엄마가 이 책을 읽음으로 인해 태에서부터 구별된 신인류가 태어나 하나님의 나라를 확장해 나가기를 소망합니다.

이효진 예인건축연구소 소장

어머니의 정체성은 경건한 생명을 잉태하여 하나님의 거룩한 자녀로 키우는 것이라고 생각합니다. 어머니는 육체적인 생명을 줄 뿐만 아니라, 영적인 생명도 주

는 통로가 되어야 한다는 말이지요. 그러기에 부모의 1차 선교대상은 바로 우리 자녀들이 되어야 할 것은 너무나 자명합니다. 이 책은 이러한 부모 됨의 거룩한 사명감을 충족시키기에 가장 적합한 태교책입니다. 엄마 아빠 목소리로 말씀 동화를 듣고 자란 아가는 육체적, 심리적, 정신적, 영적으로 건강한 자녀로 성장할 것입니다. 임신한 딸에게 하루라도 빨리 선물하고 싶은 책이 출간되어 매우 기쁩니다.

장동숙 마더와이즈 사역자, 「5가지 사랑의 언어」 역자

태중의 아기에게 하나님 나라 이야기를 들려주는 것, 그보다 소중한 태교가 또 있을까요? 그런 의미에서 성경 말씀을 아름다운 동화와 태담으로 구성해 엄마 아빠의 따뜻한 목소리로 들려주는 이 책은 태어날 아기에게 줄 수 있는 가장 큰 선물이 될 것입니다. 임신과 출산은 아기뿐만 아니라 가족까지도 새롭게 태어나게 되는 의미 있는 삶의 단계입니다. 올바른 태교가 온전한 임신과 출산을 위한 첫 걸음임을 의심할 여지가 없습니다.

정환욱 메디플라워 산부인과 • 자연출산센터 원장

영유아발달에서 '발달'이란 수정에서 죽을 때까지의 성장과 성숙의 연속적인 변화과정이라고 합니다. 임신을 한 순간부터 아이는 자라고 성장하는 것이지요. 그래서 많은 예비 엄마들이 "어떤 태교가 좋아요?"라고 질문을 하십니다. 가장 좋은 태교는 엄마도 아기도 행복한 태교가 되어야겠지요. 어떤 음악이 좋다고 해서 엄마 본인은 듣지 않으면서 계속 아이가 잘 듣도록 하루 종일 들려준다면 과연 그 음악이 아이에게 좋은 영향력을 줄 수 있을까요? 음악 자체가 아이에게 영향력을 미치는 것이 아니라 엄마가 음악을 들으며 행복해 할 때 아기도 행복해 하는 것이겠지요. 이 책은 예비 엄마 아빠가 함께 읽고 아이에게 들려주는 하나님의 그림이야기입니다. 그리고 태어날 아기와 좋은 부모가 되기

위해 지금 바로 예비 엄마 아빠가 무엇을 해야 하는지 그 방향을 제시해줄 수 있는 아주 좋은 책입니다.

조메리명희 서울디지털대학교 아동학과 초빙교수, 한국심리연구소 소장

여섯 자녀를 키우던 한 엄마를 10여년 만에 만났습니다. 아이들 안부를 물었을 때, 자신이 임신 기간에 가졌던 심리 상태를 그대로 빼어 닮은 아이들로 자랐다는 이야기를 들었습니다. 임신 기간의 엄마와 태아의 육체적 연대가 성품과 영성으로 이어진다는 것입니다. 그래서 임신 기간에 몸가짐, 마음가짐도 중요하지만 보는 것, 듣는 것, 말하는 것도 주의해야 합니다. 이 책은 태아의 눈높이에서 말씀과 기도를 나눔으로써 감정과 믿음이 교류하는 채널을 마련해 주고 있습니다. 성경의 위대한 인물들과 함께 하는 아름다운 이야기를 통하여 태아는 예수님을 닮은 아이로 성장하게 될 것입니다.

한기채 「태아축복기도문」 저자, 중앙성결교회 담임목사, 前 서울신학대학교 교수

들어가는 글

♦♦♦

　저는 임신 기간에 했던 말씀 묵상시간을 잊을 수가 없습니다. 그 시간은 하루 중 가장 고요한 시간으로 말씀 앞에 앉아 귀를 기울이는 시간이었습니다. 태어날 아이의 모습을 마음속에 그리기도 하고, 아이에게 '축복송'을 불러 주면서 눈물로 예배도 드렸습니다. 배 속의 양수가 '은혜의 강물'이 되어 흐르는 모습을 상상할 때면, 아이를 사랑하는 마음으로 벅차오르기도 했습니다.

　지금 와서 생각해보니 그 시간은 '엄마가 처음 되는 나'를 위한 시간이었습니다. 그 불편하고 힘든 열 달의 기간이 아니었다면, 그냥 쉽게 '엄마'라는 자리가 주어졌다면, 당장 어느 때라도 '사표'를 던졌을 것입니다.

　그 열 달이라는 시간 동안, 저는 새로운 생명과 연결되는 신비하면서도 새로운 체험과 동시에 갈수록 무겁고 불편한 몸, 혼자가 아닌,

생명을 품은 몸으로서 살아가는 방법에 적응해 나갔습니다. 먹는 것도 조심, 생각하는 것도 조심, 보는 것도 조심함으로써 엄마가 되는 법을 몸으로 마음으로 익혀 나갔습니다. 아이의 체중이 늘어날 때마다 엄마로서의 '책임감'도 무거워졌습니다. '엄마'라는 길은 이렇게 많은 용기와 믿음, 그리고 지혜가 필요했습니다.

때로는 막연하고 두려운 순간도 있었지만, 그때마다 말씀이 등불이 되어 주었고, 하나님의 섭리에 대해 생각하는 시간이 되었습니다.

어느 날 출판사로부터 이 책을 의뢰 받았을 때 감사했던 이유는 말씀으로 태교하는 것에 대해 깊이 고민하며 실천하려고 발버둥 쳤기 때문입니다. 다행히 저에게는 성실하고 열정적인 큐티 친구가 있었습니다. CBS 김필원 아나운서인데, 그녀는 하루도 빠짐없이 저에게 큐티 노트를 보내왔고, 점점 몸이 무거워져 게을러질 때에도 그녀의 성실함이 저를 붙들어 주었습니다.

부족한 글이지만, 제 임신기간 동안 '어떻게 태교를 할까? 어떤 마음으로 아이를 축복할까?' 하며 고민했던 마음이 책 안에 고스란히 담겨져 있습니다.

엄마와 아빠가 이 책을 단순히 읽어 주는 것만으로도 자연스러운 태담이 될 뿐 아니라 그 자체로 기도이며, 예배가 될 수 있도록 썼습니다. 또한 유아용 그림책으로 구성되어 있어 아이가 태어나서 엄마 배 속에서 들은 내용을 다시 읽을 수 있다는 특별함이 있습니다.

아이를 키운다는 것은 상상 그 이상입니다. 말로 표현할 수 없이 기쁘지만, 또 말로 표현할 수 없이 힘들고 고단합니다. 자다가도 아이의 울음소리에 몇 번씩 일어나야 하고, 하루 종일 아이를 안고, 보살펴 주어야 합니다. 무엇보다 개인 시간을 마음껏 쓰지 못하는 것이 부모에게는 큰 스트레스입니다. 그럼에도 육아의 시간을 버틸 수 있게 하는 건 아이가 배 속에 있을 때 기도하며 소망했던 시간이 있었기 때문이 아닐까 생각해봅니다.

　매일매일 태중의 아가를 위해 이 책을 읽고 기도할 때, 새 생명을 품은 모든 가정에 하나님의 평안과 소망이 날마다 풍성해지길 기도합니다. 예비 맘들 파이팅!

차례

추천의 글
들어가는 글
이 책의 활용방법

DAY 01 • 창조 이야기
모두가 방긋방긋 웃고 있어 ──── 16

DAY 02 • 노아 이야기
왜 무지개가 나타났을까? ──── 24

DAY 03 • 바벨탑 이야기
그러다가 큰코다치지 ──── 32

DAY 04 • 아브라함 이야기
안녕, 정든 고향아 ──── 38

DAY 05 • 이삭 이야기
나의 반쪽을 찾아라 ──── 44

DAY 06 • 야곱 이야기
별빛을 덮고 잠든 어느 날 ──── 50

DAY 07 • 요셉 이야기
동생님, 형님들의 절 받으세요 ──── 58

DAY 08 • 요셉가족 이야기
형님들, 깜짝 놀라셨죠! ──── 66

DAY 09 • 모세 이야기
수풀 사이에 아기 바구니 ──── 74

DAY 10 • 떨기나무 이야기
불난 떨기나무의 정체를 밝혀라 ──── 80

DAY 11 • 홍해 이야기
바다가 갈라진 거 본 적 있니? ──── 88

DAY 12 • 열두 정탐꾼 이야기
10 대 2, 하나님은 누구 편일까? ──── 96

DAY 13 • 다윗 이야기
나는야 주님의 꼬마 용사 ──── 102

DAY 14 • 요나단 이야기
친구야, 넌 할 수 있어 ──── 110

DAY 15 • 다니엘 이야기
으르렁 으르렁, 겁낼 줄 알았니? ──── 116

DAY 16 • 요나 이야기
풍덩, 꿀꺽, 주님 뜻대로 할게요 ──── 124

DAY 17 • 마리아 이야기
아가야, 너를 가져서 행복해 ——— 132

DAY 18 • 동방박사 이야기
별을 따라 여행을 떠나요 ——— 138

DAY 19 • 어린 예수님 이야기
우리 아이를 잃어버렸어요 ——— 146

DAY 20 • 베드로 이야기
난 사람을 낚는 어부야 ——— 154

DAY 21 • 오병이어 이야기
꼬마의 행복한 도시락 ——— 160

DAY 22 • 우물가의 여인 이야기
내가 주는 물을 마시렴 ——— 168

DAY 23 • 삭개오 이야기
엉금엉금 뽕나무 위로 ——— 174

DAY 24 • 어린아이 이야기
하늘나라 주인공은 바로 너야 ——— 182

DAY 25 • 물 위를 걸은 이야기
물 위를 사뿐사뿐 걸어 봐 ——— 188

DAY 26 • 선한 사마리아인 이야기
호~ 호~ 많이 아팠죠? ——— 196

DAY 27 • 탕자 이야기
집 떠나면 고생이야 ——— 202

DAY 23 • 십자가 이야기
너를 위해 달린 십자가란다 ——— 210

DAY 29 • 부활 이야기
무덤 문이 활짝 열렸네 ——— 218

DAY 30 • 바울 이야기
난 이전의 나와 완전히 달라 ——— 226

부록–임신 40주 성경통독 체크리스트

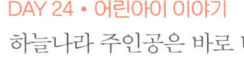

「매일매일 엄마랑 아기랑 말씀태교동화」를
더욱 즐겁게 활용하는 방법을 소개해드립니다!

- 고요한 시간을 정해 매일매일 말씀태교동화를 태아에게 들려주세요. 하루 10분이면 충분해요. 아빠와 함께 할 수 있는 시간을 정하면 더욱 좋아요!

- "반짝반짝", "방긋방긋" 같은 의성어와 의태어를 풍부하게 넣었어요. 이 부분이 나올 때는 더 크고 재미있게 읽어 주세요!

- 이야기 중간에 나오는 ♫ 표시는 동요나 찬양을 의미해요. 이 외에도 이야기를 읽으면서 떠오르는 찬양이나 엄마 아빠가 좋아하는 찬양을 태아에게 불러주면 아주 좋아요!

- 임신 초기에는 어떻게 태담을 해야 하나 고민이 많지요? 말씀태교동화 앞뒤로 나오는 태담을 읽다 보면 자연스레 익숙해지고 배 속의 아가와 더욱 친밀해져요!

- 엄마 아빠가 손을 겹쳐 배에 얹고 함께 기도문을 읽어 주세요. 성령님의 이끄심을 따라 각자의 기도로 이어져도 좋아요. 아이의 평생을 위해 태아 때부터 기도해주세요!

- 말씀태교동화의 본문 말씀을 엄마 아빠가 함께 묵상하고 기도하는 시간을 가지세요. 이것은 가장 성경적인 태교입니다. 이제부터 가정예배를 시작해보세요!

- 곳곳에 태아의 초음파사진을 붙일 수 있는 앨범이 있어요. 우리 아가의 첫 모습을 잘 간직해 주세요. 또한 만삭사진도 붙일 수 있어요. 우리 가족 첫 앨범으로 예쁘게 꾸며 주세요!

- '우리 아가와 함께 자라가는 부모연습'은 좋은 부모가 되기 위한 다양한 주제를 담고 있어요. 좋은 부모가 되는 연습, 지금부터 해나가세요!

- '우리 아가와 함께 나누는 태교일기'를 통해 아름다운 추억을 남겨 놓으세요. 훗날 아이에게 좋은 선물이 될 거예요!

- 성경일독, 임신 기간 동안 할 수 있어요. '임신 40주 성경일독 체크리스트'를 참고하여 태아에게 생명의 말씀을 먹여 주세요. 말씀을 사모하는 가정을 세워가세요!

- 독일 유명작가 베티나 고첸-비크(Betina Gotzen-Beek)의 삽화는 따뜻한 감성과 창의성이 돋보여요. 삽화를 보는 것만으로도 '그림 태교'가 되어요!

- 유아용 그림책으로 활용할 수 있도록 만들었어요. 배 속에서부터 들은 말씀 동화를 아이가 태어나 직접 볼 수 있어요. 아이의 성장 과정까지 오래 사용될 수 있는 책이에요!

Day 01

창조 이야기

모두가 방긋방긋 웃고 있어

♦♦♦

하나님이 지으신 그 모든 것을 보시니 보시기에 심히 좋았더라.
창세기 1:31
God saw all that he had made, and it was very good.

사랑하는 아가야

처음 네 심장소리를 들었을 때
얼마나 기쁘고 행복했는지 몰라.

콩닥콩닥
소리를 내며 숨을 쉬고 있는데
"정말 우리 아기예요?" 하고
의사선생님께 몇 번이나 물어보았단다.

우리 가족 앨범 속에
네 첫 번째 초음파 사진을 잘 간직해 놓을게.

사랑하는 아가야
오늘부터 엄마 아빠가
매일매일 들려줄 이야기가 있어.
자, 한번 들어볼래?

해님이 방긋방긋 웃고 있어.
안녕!

달님도 방긋방긋 웃고 있네.
안녕, 반가워!

막 피어난
꽃들도 환한 얼굴로 서로 인사를 했어.

반가워, 친구들아!

그때 코끼리가 쿵쿵쿵 걸어오더니
물을 마시면서
방긋방긋!

물속에서 뒤뚱뒤뚱 걸어 나온 펭귄이
손을 흔들면서
방긋방긋!

다들 기분이 좋은 것 같아.

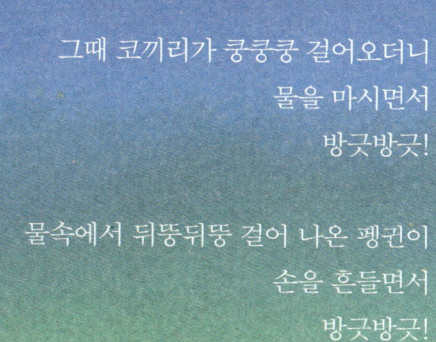

나무도
구름도
새도
물고기도
세상에 처음 나온 날이거든.

이 모든 것을 지으신 하나님께서
미소를 지으며 말씀하셨어.

"참 좋다.
보기에 참 좋구나!"

DEAR BABY
아 가 야 , 사 랑 하 고   축 복 해

사랑하는 아가야

이 세상의 모든 것을 지으신 하나님께서

엄마 배 안에서 너를 아름답게 자라도록 하신단다.

열 달 동안 엄마 아빠는 너를 품에 안고

기도하며 축복할 거야.

사랑받는 아이로, 사랑하는 아이로

하나님이 보시기에

정말 아름답고 소중한 사람으로 자라도록

매일매일 축복해!

창조의 하나님,
우리 가정에 새 생명을 주셔서 감사드려요. 아이가 배 속에서
건강하게 성장할 수 있도록 매일매일 함께 해주세요. 아름답게
빚어 주세요. 예수님의 이름으로 기도드립니다. 아멘.

우리 아가의 처음 앨범

초음파 사진을 붙여 주세요!

년   월   일

♦♦♦

엄마 아빠는 우리 아가의 태명을
..................................(으)로 지었단다.

그 이름은

....

(이)라는 의미를 가지고 있어.

출산예정일인
............년 ....월 ....일까지
엄마 아빠가 들려주는 성경 말씀을 들으며
지혜롭고 튼튼하게 자라렴.

Day 02

노아 이야기

왜 무지개가 나타났을까?

♦♦♦

너와 네 온 집은 방주로 들어가라 이 세대에서 네가 내 앞에 의로움을 내가 보았음이니라. 창세기 7:1
Go into the ark, you and your whole family, because I have found you righteous in this generation.

사랑하는 아가야

너는 어떤 모습일까?
눈 코 입 누구를 닮았을까?
엄마를 닮았을까? 아빠를 닮았을까?

아가야, 이 세상에는 다양한 모습
다양한 성격을 가진 사람들이 살고 있어.

네가 어떤 모습이든 엄마 아빠는
너를 있는 모습 그대로
마음껏 사랑할 거야!
하나님이 우리를 사랑하신 것처럼 말이야.

오늘은 함께 무지개를 볼 날을 기대하며
노아 할아버지의 이야기를 들려줄게.

방주 앞에 서 있던
노아 할아버지는 눈앞에 펼쳐지는
광경을 보고 깜짝 놀랐어.

"세상에는 신기한 동물들이 참 많구나!"

휘이이이 휘이이이
바람을 가르며 날아오고 있는 독수리 한 쌍.

뿌우우우 뿌우우우
긴 코를 자랑하며 걸어오는 코끼리 한 쌍.

얼굴을 감췄다 내밀었다 하며
뾰족뾰족 뾰족뾰족
가시를 돋우고 기어오는 고슴도치 한 쌍.

다들 어디 가냐고?

모두 바쁜 걸음으로
노아 할아버지한테 가고 있어.

"자, 이제
방주가 완성되었으니 출발해 볼까?"

노아 할아버지의 가족과 동물들이 방주에 다 오르자
비가 내리기 시작했어.

둥실둥실 두둥실~
많은 비가 온 땅을 덮었어
방주는 물 위를 한참 떠다녔지.

마침내 비가 그치자
노아 할아버지는 가족과 함께
하나님께 감사의 예배를 드렸어.

하나님은 약속하셨어.
"다시는 물로 심판하지 않을 것이다!"

그때 구름 속에서 무지개가 나타났어.

"우와, 정말 아름답구나!"

DEAR BABY
아 가 야 , 사 랑 하 고 축 복 해

사랑하는 아가야
우리는 참 많은 약속들을 하는데
그중에는 지켜지지 않는 약속도 아주 많단다.
그런데 하나님의 약속은
언제나 변함없고 모두 이루어져.

빨. 주. 노. 초. 파. 남. 보.
일곱 빛깔의 무지개처럼
엄마 아빠는 네 삶이 하나님의 약속으로
가득 채워지길 축복해.
오늘도 많이 사랑해!

변함이 없으시고 신실하신 하나님,
우리 아이가 노아 할아버지처럼 하나님의 말씀을 믿고 잘 따르게 해주세요. 아이를 향한 하나님의 완전하시고 선하신 계획을 찬양합니다. 예수님의 이름으로 기도드립니다. 아멘.

우리 아가와 함께 자라가는 부모연습

엄마 아빠가 이것 하나만은 꼭 약속하고 지키도록 노력할게!

♦♦♦

우리 아가와 함께 나누는 태교일기

Day 03

바벨탑 이야기

그러다가 큰코다치지

여호와께서 사람들이 건설하는 그 성읍과 탑을 보려고 내려오셨더라. 창세기 11:5
But the LORD came down to see the city and the tower that the men were building.

사랑하는 아가야

네가 나중에 크면 어떤 일을 하게 될까?
어떤 일을 할 때
가장 재밌고 신나고 의미 있다고 생각할까?

엄마 아빠는
네가 정말 하고 싶은 일
누구보다 잘할 수 있는 일을 찾을 수 있도록
널 항상 응원할 거야.

네가 두 손으로 하는 일을 통해
하나님이 기뻐하시고
세상에 좋은 영향력을 끼치는 인생이 되기를 축복해.

오늘은 두 손으로 높은 탑을 쌓은
사람들의 이야기를 한번 들어볼래?

쿵닥쿵닥
쿵쿵쿵

사람들은 벽돌로 지은 성을 바라보며
이렇게 말했어.

"와! 이것 봐, 정말 근사하지 않아?"
"정말 대단해, 이걸 우리 손으로 만들다니!"
"바람은커녕 천둥 번개가 쳐도 끄떡없겠어!"

사람들은 아주 신이 났어.

"자, 이젠 우리만을 위해 높은 성을 쌓아 볼까?"
"하늘 끝까지 쌓아서
우리 이름을 알리고 절대로 흩어지지 말자!

높
이
높
이

하나님은 이런 모습을 보고 말씀하셨어.

"그들의 언어를 뒤섞어서
서로 말을 못 알아듣게 해야겠구나."

"벽돌 좀 갖다줘!"
"뭐, 더 높이 쌓으라고?"

"벽돌 좀 갖다달라고!"
"도대체 무슨 말을 하는 거야?
더 이상 같이 일을 못하겠군!"

사람들은 성 쌓기를 그만두고
뿔뿔이 흩어졌어.
그렇게 해서 이 세상에 여러 언어와
여러 민족이 생기게 되었단다.

DEAR BABY
아 가 야 , 사 랑 하 고 축 복 해

사랑하는 아가야
사람들은 자기가 능력 있다고 생각하면
자랑하고 싶어 하고
유명해지려고 안간힘을 쓴단다.
마치 자기 힘으로 모든 것을 이룬 것처럼 말이야.

그렇지만 하나님이 기뻐하시는 사람은
겸손한 사람이야.
그 능력과 힘을 주신 하나님께 감사하면서
겸손히 다른 사람들을 위해 살아가는 사람 말이야.
엄마 아빠는 네가 평생에
주님과 겸손히 동행하기를 축복해!

모든 능력 위에 뛰어나신 하나님,
우리 아이에게 꼭 필요한 재능과 능력을 주셔서 감사드려요. 아이가 주님이 주신 것을 가난한 사람들을 위해, 복음전파를 위해 사용할 수 있도록 지혜와 겸손을 부어주세요. 예수님의 이름으로 기도드립니다. 아멘.

우리 아가와 함께 자라가는 부모연습

엄마 아빠는 사랑하는 우리 아가를 위해 다음과 같은 좋은 습관을 만들기로 결정했어!

♦♦♦

우리 아가와 함께 나누는 태교일기

Day 04

아브라함 이야기

안녕, 정든 고향아

◆◆◆

너는 너의 고향과 친척과 아버지의 집을 떠나 내가 네게 보여 줄 땅으로 가라. 창세기 12:1
Leave your country, your people and your father's household and go to the land I will show you.

사랑하는 아가야

오늘은 특별히
네 손과 발, 그리고 입을 축복하고 싶어.

네가 손을 잡고 위로하는 사람마다
새 힘을 얻으면 좋겠고
네가 두 발로 찾아가는 사람마다
마음에 기쁨을 얻으면 좋겠어.
또 네 입술의 말로 사람들이
격려 받고 위로 받으면 좋겠어.

그런 하나님의 멋진 자녀가 되기를
엄마 아빠는 기도할게!

오늘은 복의 근원
아브라함 이야기를 들어볼래?

또각또각 또각또각
큰 짐을 실은 낙타들이 걸어오고 있어.

낙타 한 마리
낙타 두 마리
낙타 세 마리…

우와~
엄청 많아서 셀 수가 없네.

오늘은 아브라함 가족들이 멀리 이사를 가는 날이야
그 모습을 보던 한 아이가 물었어.

"아브라함 아저씨, 어디 가세요?"

"응, 하나님께서 고향인 갈대아 우르를 떠나
그분이 지시하시는 땅으로 가라고 하셨거든."

아이가 또 물었어.

"거기가 어딘데요?"

아브라함은 미소를 지으며 대답했어.

"그건 나도 몰라.
하지만 하나님께서는 내가 그곳에서 큰 민족을 이루고
모든 민족이 나로 말미암아 복을 얻을 거라고 말씀하셨어."

또각또각 또각또각
아브라함과 가족들은 하나님의 말씀을 따라
먼 길을 떠났어.

DEAR BABY
아가야, 사랑하고 축복해

사랑하는 아가야
아브라함은 믿음으로 정든 고향을 떠났어.
하나님이 어디를 가든지 함께 하시고
축복해주실 것을 믿었기 때문이야.

아가야, 네가 앞으로 어디를 가든지
하나님이 함께 하시고
돕는 사람을 보내주실 거야.
그곳이 광야 같은 곳일지라도
너를 통해 생명이 흐르는 복된 땅으로 회복될 거야.
엄마 아빠는 항상 네가 복이 되기를 축복해!

우리와 함께 하시는 하나님,
아브라함에게 말씀하시고 약속하셨던 그 축복이 우리 가정에게도 넘치기를 기도드려요. 우리 아이가 어디를 가든지 다른 사람들에게 복이 되고, 하나님의 이름을 영화롭게 하는 삶이 되게 해주세요. 예수님의 이름으로 기도드립니다. 아멘.

우리 아가와 함께 자라가는 부모연습

엄마 아빠는 사랑하는 우리 아가를 생각하며 아브라함에게 주신 약속의 말씀을 묵상할 거야!

"내가 네게 큰 복을 주고 네 씨가 크게 번성하여 하늘의 별과 같고 바닷가의 모래와 같게 하리니 네 씨가 그 대적의 성문을 차지하리라. 또 네 씨로 말미암아 천하 만민이 복을 받으리니 이는 네가 나의 말을 준행하였음이니라."
창세기 22:17-18

우리 아가와 함께 나누는 태교일기

Day 05

이삭 이야기

나의 반쪽을 찾아라

◆◆◆

우리 주인 아브라함의 하나님 여호와여 원하건대 오늘 나에게 순조롭게 만나게 하사 내 주인 아브라함에게 은혜를 베푸시옵소서.
창세기 24:12
O LORD, God of my master Abraham, give me success today, and show kindness to my master Abraham.

사랑하는 아가야

앞으로 너는 어떤 사람들을 만나게 될까?
오늘은 네 인생에
좋은 만남이 있기를 축복하고 싶어.

좋은 길로 인도해주는 친구들과 선생님
인생의 지혜를 알려 주는 멘토들
네 연약함을 덮어 주고 사랑해주는 배우자…
그리고 네가 화목한 가정을 이루기를 축복해.
너 역시 모든 만남 가운데 축복의 통로가 되길 원해.

엄마 아빠는
네가 우리 가정에 와줘서 정말 고마워.
오늘은 만남에 대한 이야기를 한번 들어볼래?

햇볕이 쨍쨍!
파리는 윙윙!

"아휴, 덥다 더워.
여기서 좀 쉬었다 가자."

아브라함의 늙은 종 엘리에셀은
주인의 아들 이삭의 신붓감을 찾기 위해
머나먼 길을 떠나왔어.

"이 우물에서 좀 쉬었다 가야지.
그런데 이삭의 신붓감은 어떻게 찾지?"

엘리에셀은 하나님께 기도드리기 시작했어.

"하나님, 도와주세요.
어떻게 신붓감을 찾아야 할지 모르겠어요.
혹 이 우물곁에 있다가 물을 달라고 할 때
'낙타에게도 물을 줄게요'라고 말하는
마음씨 고운 여인이 있다면 그녀가 이삭의 신붓감인 줄 알겠습니다."

이렇게 기도를 하자마자 한 여인이 우물가로 다가왔어.
엘리에셀은 이렇게 말했어.

"제가 목이 마른데 물 좀 주시겠어요?"

여인이 대답했어.

"네, 어서 목을 축이세요.
제가 낙타들에게도 물을 줄게요."

엘리에셀은 속으로
'바로 이 여인이구나!
하나님이 보내주신 이삭의 신붓감이야!'라고 말했어.

늙은 종 엘리에셀은
그 여인 리브가를 이삭에게 데려갔고
둘은 결혼해서 서로 사랑하며 행복하게 살았단다.

DEAR BABY
아 가 야 , 사 랑 하 고   축 복 해

사랑하는 아가야
모든 만남은
하나님의 계획 안에 있단다.
엄마 아빠의 만남도
소중한 너와의 만남도 그래.
우리 늘 이 만남을 감사하며 살아가자.

엄마 아빠는 언제나 네가
엘리에셀처럼 기도 가운데 믿음으로
아름다운 만남을 갖기를 바랄게.
오늘도 많이 사랑해!

우리를 향한 계획을 가지고 계신 하나님,
아브라함의 늙은 종처럼 기도하고 구할 때, 우리 아이에게 필요한 것을 채워 주시고 만남의 길을 열어 주실 것을 믿어요. 아름다운 만남을 통해 주님의 사랑을 전하게 해주세요. 예수님의 이름으로 기도드립니다. 아멘.

우리 아가와 함께 자라가는 부모연습

엄마 아빠는 하나님의 인도하심 가운데 처음에 이렇게 만났단다!

언 제?	어디서?
엄마의 첫인상은?	아빠의 첫인상은?

우리 아가와 함께 나누는 태교일기

Day 06

야곱 이야기

별빛을 덮고
잠든 어느 날

꿈에 본즉 사닥다리가 땅 위에 서 있는데 그 꼭대기가 하늘에 닿았고 또 본즉 하나님의 사자들이 그 위에서 오르락내리락 하고.
창세기 28:12
He had a dream in which he saw a stairway resting on the earth, with its top reaching to heaven, and the angels of God were ascending and descending on it.

사랑하는 아가야

어떤 상황에서도 하나님은
네 손을 놓지 않으신단다.

살다 보면 힘들 때도, 막막할 때도
아무도 없는 듯 외로운 때도 있을 거야.
아가야, 그때 이 한 가지만 기억해줄래?

하나님은 네가 이 세상 끝에 있을지라도
함께 하신다는 걸 말이야.
물론 엄마 아빠도 이 세상 그 느구보다
너를 가장 신뢰하고 사랑할 거야.

오늘은 부모님을 떠나
홀로된 야곱의 이야기를 한번 들어볼래?

하늘 가득히 별들이
반짝반짝
빛나는 밤.

집을 나온 야곱은
땅바닥에 누워
쓸쓸히 하늘을 바라보았어.

별 하나
별 둘…

빛나는 별을 바라보고 있자니
사랑하는 엄마 얼굴
아빠 얼굴, 형의 얼굴이 떠올랐어.

"엄마, 보고 싶어요!"

야곱은 그렇게 가족을 그리워하다가
차디찬 돌 하나를 베개 삼고
홀로 외로이 잠이 들었어.

"어, 이게 꿈인가?
도대체 이게 무슨 일이지!"

야곱이 보니
하늘과 땅을 잇는 긴 사다리가 하나 있는데
천사들이 오르락내리락 하고 있는 거야.

이때 하늘 위에 계신 하나님께서
야곱에게 말씀하셨어.

"나는 여호와 하나님이다.
네 할아버지인 아브라함의 하나님이고
이삭의 하나님이다.
네가 누운 땅을
너와 네 자식들에게 줄 것이다!"

야곱은 놀라서
베고 있던 돌을 가져다가 세우고
감사의 예배를 드렸어.

"하나님,
제가 혼자라고만 생각했는데
저와 함께 해주셨군요.
저를 아버지 집에 무사히 되돌아가게 해주시면
이곳에 하나님의 집을 세우겠습니다!"

야곱은 그날 밤의 꿈을
평생 소중히 간직하고 살았어.

DEAR BABY
아가야, 사랑하고 축복해

사랑하는 아가야
아무도 없는 광야에서
야곱은 하나님의 음성을 들었어.
그때 야곱은 도망치는 상황이었거든.
하나님은 그런 야곱에게
항상 지켜 주시고 함께 해주신다고 약속하셨어.

아가야, 사방이 막힌 것 같은 두려운 순간에도
하늘 문은 활짝 열려 있다는 것을 잊지 말고 기억하렴.
오늘도 많이 많이 사랑해!

어디를 가든지 우리와 함께 하시는 하나님,
우리를 항상 눈동자 같이 지켜 주시는 하나님의 은혜에 감사드려요. 우리 아이가 출산할 때까지 배 안에서 평안하게 지내도록 해주세요. 예수님의 이름으로 기도드립니다. 아멘.

우리 아가와 함께 자라가는 부모연습

엄마 아빠는 소중한 너를 가지기 전에 이런 꿈을 꾸었단다!

♦♦♦

우리 아가와 함께 나누는 태교일기

Day 07

요셉 이야기

동생님, 형님들의 절 받으세요

요셉이 꿈을 꾸고 자기 형들에게 말하매 그들이 그를 더욱 미워하였더라. 창세기 37:5
Joseph had a dream, and when he told it to his brothers, they hated him all the more.

사랑하는 아가야

엄마 배 속에서 어떤 꿈을 꾸고 있니?
행복하고 기분 좋은 꿈이니 아니면
아주 스릴 있고 재밌는 꿈이니?

엄마 배 속에 있을 동안
날마다 좋은 꿈을 꾸고
늘 기분 좋고 행복하기를 기도할게.

오늘 만나게 될 요셉도
어느 날 밤에 아주 특별한 꿈을 꾸었다고 해.
어떤 꿈인지 한번 들어볼래?

꼬끼오 꼬꼬꼬꼬

"아침이야. 일어나!" 하고
암탉이 큰 소리로 울고 있네.

눈을 비비면서 일어난 요셉은
전날 밤에 꾼 꿈이 아주 생생하게 기억났어.

"우와, 신기한 꿈이네.
들판에 있던 내 곡식 단이 일어나니까
형들의 곡식 단이 내게 절을 하잖아.
이게 무슨 꿈이지?"

요셉은 형들에게 달려가
신나게 그 꿈 이야기를 들려줬어.

항상 요셉은 형들과 다르게
알록달록 화려한 옷을 입고 있었는데
형들은 아버지의 사랑을
혼자서 듬뿍 받고 있는 요셉이 싫었어.

꼬끼오 꼬꼬꼬꼬

"형님들! 제 꿈 얘기 좀 들어 봐요.
제가 또 꿈을 꿨거든요.
지난밤에는 해와 달과 별 열한 개가
제게 꾸벅 하고 절을 했어요.
이게 도대체 무슨 꿈일까요?"

"이 녀석이 뭐라고 하는 거야?
형인 우리가 동생인 네게 절을 한다는 거야!"

형들은 그 꿈 때문에 요셉이 더 미워졌어.
그래서 결국 요셉을 잡아다가
이집트로 가는 상인들에게 팔아버리고 말았지.

아버지 야곱은 그 사실을 모르고
요셉이 사나운 들짐승에게
죽임을 당한 줄로만 알고 슬프게 울었단다.

요셉은 이집트로 가서
왕의 경호대장 보디발의 집에 팔려갔다가
모함을 받고 감옥까지 가게 되었어.

요셉은 이렇게 억울한 일을 많이 당했지만
하나님이 함께 하셨기에 늘 밝게 지낼 수 있었단다.
물론 감옥에서도 나오게 되었지!

더 놀라운 사실은
바로 왕의 꿈을 잘 해석해서
이집트의 총리까지 되었다는 거야.

DEAR BABY
아가야, 사랑하고 축복해

사랑하는 아가야
하나님은 날마다 우리에게
여러 가지 상황을 통해 말씀하시는데
꿈도 그 중에 하나란다.
요셉은 자신이 꾼 꿈을 믿었기에
어떠한 상황에서도
하나님의 인도하심을 믿고
희망을 잃지 않을 수 있었어.

아가야, 우리도 하나님이 주신 꿈을
붙들고 살아가는 가족이 되자.
오늘도 많이 사랑해!

우리에게 꿈을 주시는 하나님,
우리 아이가 어떤 상황에서도 하나님이 주신 꿈을 붙잡고 나아가는 믿음의 사람이 되게 해주세요. 낙심하지 않고 주님을 바라보게 해주세요. 예수님의 이름으로 기도드립니다. 아멘!

우리 아가와 함께 자라가는 부도연습

엄마 아빠의 가족을 소개해줄게. 할아버지 할머니, 그리고 온 가족이 너를 환영한단다!

♦♦♦

우리 아가와 함께 나누는 태교일기

Day 08

요셉가족 이야기

형님들, 깜짝 놀라셨죠!

당신들이 나를 이곳에 팔았다고 해서 근심하지 마소서 한탄하지 마소서 하나님이 생명을 구원하시려고 나를 당신들보다 먼저 보내셨나이다. 창세기 45:5
And now, do not be distressed and do not be angry with yourselves for selling me here, because it was to save lives that God sent me ahead of you.

사랑하는 아가야

엄마 아빠는 네가 배 속에서
안전하게 잘 자라길 매일매일 기도하고 있어.

무거운 것을 들 때도 조심조심.
바쁜 일정이 있는 날에도 조심조심.
영상이나 음악을 들을 때도 조심조심.

때로는 엄마가 예민해져서 아빠에게
서운한 마음이 들 때도 있지만
서로 토닥이며 어떤 상황에서든지
서로 인내하고 용서하면서
사랑으로 너를 기다리고 있단다.
너는 엄마 아빠의 사랑의 열매니까.

아가야, 오늘은 요셉과 그의 형제들의
이야기를 들으면서 함께 대화 나눌까?

요셉은 흉년에 곡식을 사러 온
형들을 단번에 알아보았어.

하지만 형들은
요셉이 총리가 되어 있을 거라곤
꿈에도 생각하지 못했지.

요셉은 형들을 집에 초대해서
맛있는 식사를 대접했어.

형들은 맏형부터 막내까지
나이 순서대로 정확하게
자리가 정해져 있는 것을 보고 어리둥절했어.

"어? 총리가 우리 나이를 어떻게 알았을까?"
"그게 무슨 상관이야?
이렇게 맛있는 음식은 정말 오랜만이야~"

그들은 맛있게 음식을 먹고 집을 향해 떠났어.
그런데 이게 무슨 일이지?
요셉의 종들이 그들을 쫓아와 짐을 뒤지기 시작했어.

요셉의 형제들이 나귀에 매고 간 자루 중에서
은잔 하나가 발견되었어.
바로 베냐민의 자루에서 말이야.

"찾았다, 주인님의 은잔을 찾았다!
바로 저 자가 은잔을 훔친 자다. 잡아라!"

그러나 사실 그 은잔은 요셉 총리가
막내 동생 베냐민의 자루에
몰래 넣어 놓으라고 지시한 거였어.

요셉의 형제들은 당황해하며 말했어.

"아, 아니에요 절대 아니에요.
그게 왜 거기 있는지 우리도 몰라요.
그리고 베냐민은 남의 물건을 훔치는 아이가 아니에요.
정말이에요. 용서해주세요.
사실 저희 아버지는 오래전에
사랑하는 아들 요셉을 잃으시고 매우 슬퍼하셨어요.
그런데 이번에 베냐민마저 잃으시면
괴로워서 더 이상 살지 못하실 거예요.
차라리 베냐민 대신 절 잡아 가두세요. 흑흑흑!"

이 말을 들은 요셉은
눈물을 참기가 어려웠어.

"엉엉엉!
형님들, 제가 바로 요셉이에요.
형님들이 이집트의 노예로 판 동생 요셉이요."

"뭐, 뭐라고?"

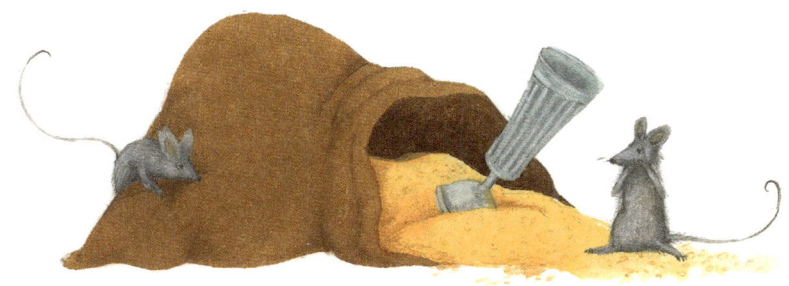

형들은 너무 두려워서 요셉 앞에 엎드렸어.
자신들이 요셉을 이집트에 팔고
아버지에게 죽었다고 거짓말했기 때문이야.

"형님들, 일어나세요.
저는 이미 형님들을 다 용서했어요."

형들은 미안해서 어쩔 줄 몰라 했어.
요셉은 형들을 안심시키며 말했어.

"저를 이곳에 보낸 건 형들이 아니라 우리 하나님이세요.
이곳에 보내어 많은 사람들의 생명을 구하게 하신 거죠.
어서 아버지께 제가 살아 있다는 소식을 전해주세요!"

그렇게 해서 요셉은
사랑하는 아버지를 다시 만나게 되었고
온 가족이 이집트로 와서 함께 살게 되었단다.

DEAR BABY
아가야, 사랑하고 축복해

사랑하는 아가야
요셉은 모든 것을 하나님의 뜻으로 여기고
형들이 자신에게 한 일을 다 용서했단다.
사실 용서는 쉬운 게 아니야.
나에게 해를 끼친 사람을 용서하려면
매일매일 많은 사랑이 필요하단다.
예수님은 우리에게 서로 사랑하라
원수도 사랑하라고 말씀하셨어.

엄마 아빠는 네가 사람들의
허물을 덮어 주는 사랑 많은 아이로
예수님을 닮은 아이로 자라가기를 축복해!

십자가로 사랑과 용서를 베풀어 주신 하나님,
우리 아이도 형들을 용서한 요셉과 같이 남을 용서하고 항상 사랑하며 살게 해주세요. 무엇보다 주님의 뜻에 모든 것을 맡기고 참고 기다리는 사람으로 자라게 해주세요. 예수님의 이름으로 기도드립니다. 아멘.

우리 아가의 처음 앨범

초음파 사진을 붙여 주세요!

년   월   일

♦♦♦

우리 아가와 함께 나누는 태교일기

Day 09

모세 이야기

수풀 사이에 아기 바구니

♦♦♦

그 아기가 자라매 바로의 딸에게로 데려가니 그가 그의 아들이 되니라 그가 그의 이름을 모세라 하여 이르되 이는 내가 그를 물에서 건져내었음이라 하였더라. 출애굽기 2:10
When the child grew older, she took him to Pharaoh's daughter and he became her son. She named him Moses, saying, "I drew him out of the water."

사랑하는 아가야

엄마 아빠는
네 이름을 어떻게 지을까
행복한 고민 중이란다.

의미 있고 아름다운 이름 짓기가
쉽지 않지만 최선을 다할게.
우리 아가의 이름이니까.

오늘은 물에서 건짐을 받았다고 해서
모세라는 이름을 갖게 된
한 아이의 이야기를 한번 들어볼래?

찰랑찰랑
강물이 바람을 따라 춤을 추고 있어.

짹짹짹
새들이 지저귀며 날아다니고 있어.

"음~ 상쾌한 아침이다!"

이집트의 공주님이 강가에 목욕을 하러 나온 모양이야.

그런데 바로 그때
저기 수풀 사이에서 어떤 소리가 들렸어.
바구니 안에 무언가가 있는 것 같아.

"응애 응애"

공주는 깜짝 놀라 신하들에게 말했어.

"저 바구니를 가져 오너라."

바구니 안에는 잘생긴 남자 아기가 울고 있었어.

"틀림없이 이스라엘 사람이 낳은 아기일 거야.
쯧쯧, 배가 고픈 모양이구나."

바로 왕의 핍박을 피해 물에 버려진 아이는
공주에게 발견되어 궁전에서 자라게 되었단다.

공주는 그 아이를 모세라고 불렀어.
'내가 물에서 건졌다'라는 뜻이래.

DEAR BABY
아가야, 사랑하고 축복해

사랑하는 아가야
어때, 참 신기하지?
강가에 버려진 아기를
때마침 공주가 발견한 것 말이야.
당시에 이집트 왕은 이스라엘 민족이 점점 많아지자
갓 태어난 남자 아기들을 죽이기로 결심했지.
그래서 아기를 낳은 모세 엄마는 아기를 살리고 싶어
바구니에 아기를 넣어 나일 강가에 흘려보낸 거야.

이 모든 게 완벽한 시나리오 같지 않니?
하나님은 이렇게 모든 순간마다 깊이 관여하고 계신단다.
네 삶도 그러하기를 축복해!

인생을 주관하시는 하나님,
우리 삶에 일어나는 크고 작은 일들이 다 하나님의 완벽한 계획 안에 있음을 믿어요. 우리 아이가 그 완벽한 계획 안에서 멋지게 쓰임 받는 인생이 되게 해주시고, 아이에게 맞는 좋은 이름도 지을 수 있게 해주세요. 예수님의 이름으로 기도드립니다. 아멘.

우리 아가와 함께 자라가는 부모연습

엄마 아빠가 행복한 고민을 하며 지은 네 이름의 후보들이야!

우리 아가와 함께 나누는 태교일기

Day 10

떨기나무 이야기

불난 떨기나무의 정체를 밝혀라

♦♦♦

이리로 가까이 오지 말라 네가 선 곳은 거룩한 땅이니 네 발에서 신을 벗으라. 출애굽기 3:5
"Do not come any closer," God said. "Take off your sandals, for the place where you are standing is holy ground."

사랑하는 아가야

우리 눈으로는 하나님을 볼 수 없지만
성경을 통해 그분이 어떤 분이신지 알 수 있단다.

하나님은 사랑이 많으시고 인자하시고
정의로우시며 위엄 있으시고
말로 표현할 수 없을 만큼 위대한 분이셔.

우리 함께 이렇게 매일매일 말씀을 읽으며
하나님이 어떤 분이신지 더욱 알아가자꾸나.

모세는 떨기나무를 통해 하나님을 만나게 되었다고 해.
모세가 만난 하나님을 너도 만나볼래?

이집트에서 도망 나온 모세는
미디안 제사장의 일곱 딸들 중에서
십보라와 결혼해 광야에서 양을 치며 살았어.
하루 아침에 왕자에서 양치기가 된 거지.

매애애애애 매애애애애

오늘도 모세는 양떼를 먹이려고 호렙 산으로 가는 길이야.

"어이~ 어이~
이쪽으로 와야지."

그때 한 떨기나무가 불에 활활 타오르고 있었어.

"불이다, 불!
떨기나무에 불이 붙었다!

어? 그런데 뭔가가 이상해.
불이 났는데 왜 나무는 타지 않고
그대로 있는 거지?"

모세는 신기해서 자세히 보려고 가까이 다가갔어.
바로 그때였어.

"모세야, 모세야!"

"어? 누구지?"

바로 하나님이 모세를 부르시는 소리였어.

"네! 제가 여기 있습니다."

"네 신발을 벗어라.
네가 서 있는 곳은 거룩한 땅이다.
이스라엘 백성들이 고통받는 소리가 들리는구나.
내가 너를 보내어 그들을 이집트에서 구해낼 것이다."

"제… 제가요? 저는 말도 잘 못해요.
그러니 보낼 만한 사람을 보내세요~"

"모세야,
네 형 아론이 너를 대신하여 말하게 할 것이다.
내가 너와 아론에게 행할 일을 가르칠 것이다.
이제 너는 이 지팡이를 손에 잡고 기적을 행하거라."

모세는 하나님의 말씀을 따라
한 손에 지팡이를 들고
이스라엘 백성을 구하기 위해 이집트로 떠났어.

DEAR BABY
아 가 야 , 사 랑 하 고   축 복 해

사랑하는 아가야
세상의 모든 물건에는 그 사용 목적이 있듯이
우리 각 사람에게는 하나님의 창조 목적이 있단다.
모세는 말을 잘 못하는 사람이었지만
하나님께서 그를 이스라엘의 지도자로 세우셨어.
하나님의 계획이 있었기 때문이야.

누구든지 그분이 부르실 때 "예!" 하면
귀하게 쓰임 받는 인생이 될 수 있단다.
엄마 아빠는 네가 자신의 한계를 넘어
하나님의 큰일을 하는 삶을 살아가기를 축복해!

우리 삶의 전부가 되시는 하나님,
오늘도 우리 아이가 튼튼히 자라나게 해주셔서 감사드려요. 생각도 마음도 신체도 아름답게 빚어 주세요. 그리고 하나님과 사람들에게 기쁨이 되는 아이로 성장하게 해주세요. 예수님의 이름으로 기도드립니다. 아멘.

우리 아가와 함께 자라가는 부모연습

엄마는 우리 아가를 가지고 나서 입맛이 완전히 바뀌었단다!

좋아하게 된 음식:

싫어하게 된 음식:

♦♦♦

우리 아가와 함께 나누는 태교일기

Day 11

홍해 이야기

바다가 갈라진 거 본 적 있니?

지팡이를 들고 손을 바다 위로 내밀어 그것이 갈라지게 하라 이스라엘 자손이 바다 가운데서 마른 땅으로 행하리라. 출애굽기 14:16
Raise your staff and stretch out your hand over the sea to divide the water so that the Israelites can go through the sea on dry ground.

사랑하는 아가야

네가 배가 고프면
엄마도 배가 고프고
네가 잠을 자면
엄마도 잠이 솔솔 온단다.

또 반대로
엄마가 하하하 즐거워하면
너도 기분이 좋고
엄마가 슬퍼하면 너도 속상하지?

너와 내가 하나로 연결되어 있다는 게
정말 신비롭고 놀라워.

오늘도 성경 말씀을 통해
엄마 아빠의 사랑을 많이 많이 전해줄게.

쏴~ 쏴~
푸른빛 바다가 눈앞에 펼쳐져 있어.

"우와~ 아름다운 바다다!"
아이들이 바다를 보고 소리질렀어.

그런데 그 순간
다그닥 다그닥
저 멀리서 말발굽 소리가 났어.

이 일을 어쩌지!
이집트의 군대가 이스라엘 백성을 쫓아오고 있어.

"앞에는 바다, 뒤에는 군대… 이제 우리는 어떡하지?
차라리 이집트의 노예로 사는 게 좋을 뻔 했어!"

사람들은 두려운 마음에 원망하기 시작했어.
하지만 모세는 담대하게 외쳤어.

"여러분, 두려워하지 마세요!
우리를 인도해주신 하나님께서
우리와 함께 하십니다."

하나님이 모세에게 말씀하셨어.

"모세야, 네 지팡이를 들어 바다 위로 내밀어라."

그러자 참 신기한 일이 벌어졌어.
휘이이이이 휘이이이이
밤새 센 바람이 불더니
바다가 둘로 갈라져 버린 거야!

"바다가 갈라져 땅이 되었네!"

이스라엘 백성은 마른 땅에 발을 내딛어
바다 한가운데를 건너기 시작했어.
바로의 군대도 뒤를 바짝 쫓아왔지만
다시 바닷물이 밀려들어와 그들을 다 덮었단다.
이스라엘 백성은 큰 소리로
하나님께 감사찬양을 불렀어.

"여호와는 나의 힘이요 노래시며
나의 구원이시로다!"

DEAR BABY
아가야, 사랑하고 축복해

사랑하는 아가야
오늘 이스라엘 백성은 놀라운 기적을 체험했어.
바다가 갈라져 마른 땅을 밟고 건너게 된 것 말이야.
하나님은 이처럼 놀라운 방법으로
우리를 도우시고 인도하신단다.

홍해와 같이 드넓은 바다라도 겁내지 마.
그 어떤 것도 하나님의 사랑을 막을 수 없단다.
하나님은 언제나 너와 함께 하시고
신실하게 너를 도와주실 거야.
아가야, 오늘도 사랑해!

우리의 보호자 되시고 인도자 되시는 하나님,
우리 가정이 크고 작은 일들을 만날 때마다 주님만을 의지할 수 있도록 해주시고, 그 일들을 통해 주님께 영광을 돌리게 해주세요. 그리고 이웃에게 우리가 받은 하나님의 사랑을 전하게 해주세요. 예수님의 이름으로 기도드립니다. 아멘.

우리 아가와 함께 자라가는 부모연습

엄마 아빠가 경험해온 기적들에 대해 들려줄게. 하나님을 믿으면 너도 경험할 수 있어!

♦♦♦

우리 아가와 함께 나누는 태교일기

Day 12

열두 정탐꾼 이야기

10 대 2, 하나님은 누구 편일까?

♦♦♦

우리가 두루 다니며 정탐한 땅은 심히 아름다운 땅이라 여호와께서 우리를 기뻐하시면 우리를 그 땅으로 인도하여 들이시고 그 땅을 우리에게 주시리라 이는 과연 젖과 꿀이 흐르는 땅이니라.
민수기 14:7-8

The land we passed through and explored is exceedingly good. If the LORD is pleased with us, he will lead us into that land, a land flowing with milk and honey, and will give it to us.

사랑하는 아가야

엄마 아빠는 어서 빨리
네 두 뺨을 비비고
작은 머리를 쓰다듬고
작은 볼에 입 맞추고
작고 귀여운 네 손과 발을 만지고
네 초롱초롱한 눈을 바라보며
이야기하고 싶구나.

"사랑해"라고!

오늘은 기다리고 기다리던
약속의 땅을 만난 사람들에게
어떤 일이 일어났는지 들어보렴.

두리번두리번
가나안 땅에 도착한 열두 명의 정탐꾼들이
주변을 조심스럽게 살피기 시작했어.

그때 갈렙이 군침을 삼키며 말했어.

"우와~ 꿀꺽~ 진짜 맛있겠다!
저 거대한 포도송이 좀 봐.
탱글탱글한 포도알이 저렇게 크다니!"

여호수아도 신나서 말했어.

"하나님이 우리를 사랑하심이 틀림없어.
이렇게 좋은 땅을 주신 걸 보면 말이야!"

그런데 다른 열 명의 정탐꾼들은 벌벌 떨기 시작했어.
그 땅에 사는 사람들이 어마어마하게 큰 거인이었거든.
정탐을 마치고 돌아온 열두 명의 정탐꾼들은
각자 자기가 보고 느낀 것을 말하기 시작했어.

"거기 사는 사람들은 거인이에요.
그들에 비하면 우린 메뚜기에 불과하다고요!"
"그들과 싸우면 질 게 뻔해요.
차라리 이집트에 있을 걸 그랬어요. 흑흑흑!"

이스라엘 백성은 그 이야기에 겁을 먹고 몹시 슬퍼 엉엉 울었어.
그런데 여호수아와 갈렙은 생각이 달랐어.

"여러분, 저희 말을 들어보세요!
그곳은 정말 아름답고 풍요로운 땅이었어요.
하나님이 우리를 기뻐하시면 그 땅을 주실 거예요.
그러니까 두려워하지 마세요. 그들은 우리의 먹이라고요!"

하나님은 여호수아와 갈렙의 말을 기뻐하셨고
훗날 그들을 이스라엘의 새로운 지도자로 세우셨어.
그리고 이 일로 이스라엘 백성은 긴 세월 동안
광야를 떠돌아 다녀야 했단다.

DEAR BABY
아 가 야, 사 랑 하 고 축 복 해

사랑하는 아가야
어떤 일이든 좋은 점이 있고 나쁜 점이 있단다.
그래서 좋은 쪽으로 보면 한없이 좋고
나쁜 쪽으로 보면 한없이 나빠 보여.
그러면 우리는 모든 일을 어떻게 바라봐야 할까?

우리에게는 믿음의 눈이 필요하단다.
하나님의 약속을 바라보는 믿음의 눈 말이야.
엄마 아빠는 우리 아가가
믿음의 눈을 가지고 살아가기를 축복해!

믿음을 주시는 하나님,
우리에게 행하신 모든 일을 찬양하고 감사드려요. 무엇보다 이렇게 귀한 생명을 허락해주셔서 참 감사해요. 우리 아이에게 믿음의 눈을 주셔서 하나님의 약속을 바라보며 살게 해주세요. 예수님의 이름으로 기도드립니다. 아멘.

우리 아가와 함께 자라가는 부모연습

엄마 아빠가 배 속의 너와 함께 떠날 태교여행지를 소개해줄게!

♦♦♦

우리 아가와 함께 나누는 태교일기

Day 13

다윗 이야기

나는야 주님의 꼬마 용사

♦♦♦

너는 칼과 창과 단창으로 내게 나아오거니와 나는 만군의 여호와의 이름 곧 네가 모욕하는 이스라엘 군대의 하나님의 이름으로 네게 나아가노라. 사무엘상 17:45
You come against me with sword and spear and javelin, but I come against you in the name of the LORD Almighty, the God of the armies of Israel, whom you have defied.

사랑하는 아가야

엄마의 몸이 점점 무거워지고 있어.
어쩔 땐 음식을 먹기 힘들 만큼
배 속이 울렁이기도 하고
걸을 때마다 숨이 차오르기도 한단다.

그래도 네가 건강하게 잘 자라고 있다는 증거니까 감사해.
조금은 불편하지만 기쁨으로 하루하루를 보내려고 해.
너를 만날 그 날을 기대하면서 말이야.

오늘은 아주 용감한 작은 용사에 대해 들려줄게.
주님의 이름으로 나아간 다윗에 대해 말이야.

쿵
쾅
쿵
쾅

블레셋의 장수 골리앗이 걸을 때마다
땅이 울리는 것 같아.

"나와라! 나랑 붙어 보자!
겁쟁이들 같으니~
나랑 싸울 사람이 한 사람도 없단 말이냐?"

골리앗은 덜덜 떨고 있는 이스라엘 군대를 비웃었어.
그러나 양치는 소년 다윗은 그 말을 듣고 몹시 화가 났어.

"감히 살아 계신 하나님의 군대를 모욕하다니!"

다윗은 칼과 갑옷 대신
매끄러운 돌 다섯 개와 물매를 들고
골리앗 앞으로 갔어.

"하하하, 이 꼬마야!
내가 동네 강아지로 보이냐?
나는 장수 중에 장수 골리앗님이시다.
그런데 지금 그걸 가지고 나랑 싸우겠다는 거냐?"

하지만 다윗은 아랑곳하지 않고
골리앗에게 소리쳤어.

"너는 칼과 창과 단창으로 싸우러 오지만
나는 여호와의 이름,
살아 계신 하나님의 이름으로 싸우러 왔다!"

그러고는 물맷돌을 힘차게 돌렸어.

휘~잉 휘~잉 휘리릭
딱!

다윗이 던진 돌이
골리앗의 이마에 탁 박혔어.

골리앗은 그 자리에서
푹~ 쓰러졌지.

그 모습을 보고
깜짝 놀란 블레셋 군대는
어린 소년 다윗이 무서워서
줄행랑을 쳤단다.

DEAR BABY
아 가 야 , 사 랑 하 고   축 복 해

사랑하는 아가야
다윗 이야기는 언제 들어도 가슴이 벅차올라.
자신보다 몇 배나 큰 골리앗을 단번에 KO시키다니!
다윗은 살아 계신 하나님을 진정으로 믿고 사랑했어.
그랬기에 하나님의 이름을 위해 용감하게 나선 거야.

엄마 아빠는 네 삶도
하나님의 이름을 소중하게 여기기를 바래.
우리 하나님만 바라보고 나아가는 믿음의 가정을 세우자.
오늘도 사랑해!

모든 이름 위에 뛰어나신 하나님,
다윗이 가진 용기와 믿음, 세상이 감당하지 못하는 믿음을 우리 아이가 갖게 해주세요. 또한 우리 가정이 보이는 대로가 아닌 하나님의 말씀대로 살도록 도와주세요. 예수님의 이름으로 기도드립니다. 아멘.

우리 아가와 함께 자라가는 부모연습

엄마 아빠는 사랑하는 우리 아가를 위해 다음과 같은 두려움을 극복하기로 결정했어!

♦♦♦

우리 아가와 함께 나누는 태교일기

Day 14

요나단 이야기

친구야,
넌 할 수 있어

다윗에 대한 요나단의 사랑이 그를 다시 맹세하게 하였으니 이는
자기 생명을 사랑함 같이 그를 사랑함이었더라. 사무엘상 20:17
And Jonathan had David reaffirm his oath out of love for him,
because he loved him as he loved himself.

사랑하는 아가야

살다 보면 두려운 마음이 찾아올 때가 있어.
엄마 아빠는 너를 선물로 받기 전에
임신이 안 되면 어쩌지 하는 두려움이 있었고
지금은 건강한 아기를 낳지 못하면 어쩌지 하는
두려움이 가끔씩 찾아와.

이처럼 사탄은 계속해서 두려움을 주고
우리의 마음을 흔들어 놓는 것 같아.
하지만 두려움이 아닌 기도로
한숨이 아닌 찬양으로
너를 만날 때까지 하루하루 승리할 거야.

오늘은 곤경에 빠진 다윗 이야기를 들어보렴.
아주 아름다운 우정 이야기란다.

휙~
요나단이 쏜 화살이 앞으로 날아갔어.
그러자 요나단이 명령했어.

"아이야, 달려가서 화살을 가져 오너라."

휙~
또다시 화살이 아이 앞으로 날아갔어.

"아이야, 네 앞으로 날아가지 않았느냐.
머뭇거리지 말고 빨리 달려가거라!"

아이는 빠르게 달려갔어.

사실 지금 요나단은 화살의 위치로
친구 다윗에게 사인을 보내는 중이야.

'왕이 널 죽이기로 결심했으니
머뭇거리지 말고 빨리 도망가라'는 뜻이었지.

바위 뒤에 숨어 있던 다윗은 요나단에게 다가갔어.
그러고는 엉엉 울고 말았어.

"요나단, 나 너무 무섭고 두려워.
왕이 나를 죽이기로 결심했다는 거지?
이제부터 난 도망자가 되는구나.
주님, 저를 보호해주세요!"

요나단도 눈물을 글썽이며 말했어.

"내 생명보다 아끼는 다윗아,
두려워하지 말고 평안하게 가렴.
하나님께서 너와 나 사이에 계시고
내 자손과 네 자손 사이에도
계실 거야!"

다윗은 친구 요나단의 말에
위로를 얻고 사울 왕을 피해
길을 떠날 수 있었단다.

DEAR BABY
아가야, 사랑하고 축복해

사랑하는 아가야
다윗은 아주 슬픈 순간에
친구 요나단을 통해 큰 용기를 얻었어.
하나님은 이렇듯 어려움에 처할 때마다
우리에게 돕는 사람들을 보내주신단다.
너도 이런 좋은 친구를 만날 수 있기를 축복해.

다윗과 요나단처럼 서로를 생명보다 아끼며
그 사이에 하나님이 함께 하시는
거룩하고 복된 만남이 있기를 축복해!

우리의 가장 좋은 친구되시는 하나님,
위기의 순간마다 우리를 도와주시고 은혜를 베풀어 주셔서 감사드려요. 다윗에게 요나단이라는 친구가 있었듯 우리 아이에게도 좋은 우정을 나눌 수 있는 친구들을 허락해주세요. 예수님의 이름으로 기도드립니다. 아멘.

우리 아가와 함께 자라가는 부모연습

앞으로 네가 만나게 될 엄마 아빠의 가장 소중한 친구들을 소개해줄게!

♦♦♦

우리 아가와 함께 나누는 태교일기

Day 15

다니엘 이야기

으르렁 으르렁, 겁낼 줄 알았니?

이에 왕이 명령하매 다니엘을 끌어다가 사자 굴에 던져 넣는지라 왕이 다니엘에게 이르되 네가 항상 섬기는 너의 하나님이 너를 구원하시리라 하니라. 다니엘 6:16
So the king gave the order, and they brought Daniel and threw him into the lions' den. The king said to Daniel, "May your God, whom you serve continually, rescue you!"

사랑하는 아가야

네가 태어나면 함께 하고 싶은 게 정말 많아.
매일매일 너의 웃는 얼굴을 보며
하루를 시작하고 싶고
너를 품에 꼬옥 안고 교회에 가고 싶고
엄마 아빠가 좋아하는 식당에도 가고 싶고
경치 좋은 곳에 가서 산책도 하고 싶어.

아니, 아니, 그냥
네 눈, 코, 입… 얼굴만 바라봐도
마냥 행복할 것 같아.
작고 예쁜 너를 품에 안고만 있어도
세상을 다 얻은 듯 정말 행복하겠지?
아가야, 있는 모습 그대로 너를 사랑해.

오늘은 사자 굴에 던져진 다니엘 이야기를 들려줄게.
왕도 다니엘이 보고 싶어 밤잠을 설쳤단다.

꼬끼오~

다니엘은 아침 일찍 일어나
예루살렘을 향해 창문을 열어 놓고
하나님께 감사기도를 드렸어.

"하나님, 오늘 하루를 주셔서 감사드려요.
제가 주님이 주시는 지혜와 총명으로
맡은 일을 잘할 수 있도록 도와주세요."

기도하는 모습을 본 다리오 왕의 신하들은
옳거니 하며 왕에게 우르르 몰려갔어.

"왕이시여,
다니엘은 왕을 무시하고 자기 신에게만 기도하고 있습니다."

왕은 다니엘을 무척 사랑했지만
나라의 법을 어기면 사자 굴에 들어가야 했기에
다니엘을 사자 굴에 넣으라고 명령할 수밖에 없었어.

"다니엘아, 네가 항상 섬기는 하나님이
너를 구원해 주실 거야."

그러나 왕은 너무 걱정되어서 밤새 한숨도 잘 수 없었어.

꼬끼오~

아침을 알리는 닭의 울음소리가 들렸어.

왕은 일어나자마자 사자 굴에 가서
다니엘이 살았는지 죽었는지 살펴보았어.

으르렁 으르렁

무시무시한 사자들 사이에서
다니엘이 살아 남을 수 있었을까?

"왕이시여, 저는 무사해요.
하나님이 천사들을 보내셔서 사자들의 입을 막아 주셨어요!"

왕은 기뻐하며
살아 계신 하나님을 찬양했어.

"정말로 다니엘의 하나님은
살아 계시는 하나님이다.
다니엘을 구원하여
사자의 입에서 벗어나게 하셨도다!"

DEAR BABY
아가야, 사랑하고 축복해

사랑하는 아가야
정말 놀라운 이야기지?
하나님은 우리가 위험한 상황에 처할 때
천사를 보내어 이렇게 우리를 도와주신단다.

엄마 아빠는 너를 24시간 지켜 줄 수 없지만
졸지도 주무시지도 않는 하나님께서
너를 항상 지키시고 보호하시니
오늘도 하나님의 사랑 안에서 평안을 누리렴.
많이 많이 사랑해!

우리를 지켜 주시는 하나님,
배 속에 있는 우리 아이가 주님의 보호하심 가운데 평안히 자라게 해주셔서 감사드려요. 우리 가정이 다니엘과 같이 항상 하나님을 섬기는 가정, 날마다 하나님을 경험하는 복된 가정이 되게 해주세요. 예수님의 이름으로 기도드립니다. 아멘

우리 아가와 함께 자라가는 부모연습

엄마 아빠는 네가 태어나면 다음과 같은 일을 꼭 함께 해보고 싶어!

♦♦♦

우리 아가와 함께 나누는 태교일기

Day 16

요나 이야기

풍덩, 꿀꺽,
주님 뜻대로 할게요

여호와께서 이미 큰 물고기를 예비하사 요나를 삼키게 하셨으므로 요나가 밤낮 삼 일을 물고기 뱃속에 있으니라. 요나 1:17
But the LORD provided a great fish to swallow Jonah, and Jonah was inside the fish three days and three nights.

사랑하는 아가야

사람들에겐 여러 가지 별명이 있단다.
그 사람의 특징을 잘 담은 별명은
듣기만 해도 아하! 하고 고개를 끄덕이게 되고
때로는 푸훗! 하고 웃음 짓게 되기도 해.
나중에 네 별명은 무엇이 될까?

하나님은
오래 참고 온유하고 용서해주시는
성품을 가지셨기에 우리는 그분을
'사랑의 하나님'이라고 부른단다.

어때, 정말 아름답지?
매일매일 성경 이야기를 읽으면서
우리 가족이 사랑의 하나님을
더 깊이 알아갔으면 해.

오늘은 큰 물고기가 꿀꺽 삼킨
요나의 이야기를 들어볼래?

부우웅~ 부웅~

"배가 곧 출발합니다.
다시스로 가실 분은 이쪽으로 오세요!"

선장이 큰 소리로 하는 말을 듣고
요나는 고민했어.

'하나님께서 니느웨로 가라고 하셨지만
나는 그 사람들이 너무너무 싫어.
에라 모르겠다.
그냥 다시스로 가자.'

"저요, 저! 저도 다시스로 갑니다."

요나는 하나님의 말씀을 따르지 않고
다시스로 가는 배를 탔어.
그러고는 배 밑에서 쿨쿨 잠이 들었지.

우르르 쾅쾅

그때 갑자기
폭풍이 몰아치기 시작했어.

"배가 뒤집힐 것 같아.
누구 때문에 이런 재앙이 일어났는지
제비를 뽑아 알아내야겠어!"

결국 요나가 제비에 뽑혔고
그는 바다로 던져졌어.

풍
덩

요나가 바다에 빠지자마자
큰 물고기가 나타나 꿀꺽~ 하고 삼켰어.

깜깜하고 냄새나는 물고기 배 속에서 요나는 기도했어.

"하나님, 제가 주님 앞에서 쫓겨났지만
다시 주님의 거룩한 성전을 보기 원합니다.
이제부터 주님께 약속한 것은 잘 지킬게요."

기도를 마치자 물고기가 퉤~ 하고
요나를 육지에 뱉어 냈어.

요나는 하나님이 명령하신 니느웨로 가서
심판의 메시지를 전했고
그곳에 사는 모든 사람이 그 말을 듣고 회개했단다.

DEAR BABY
아 가 야, 사 랑 하 고 축 복 해

사랑하는 아가야
요나는 니느웨 사람들이 싫어서
그들이 망하기를 바랐을지도 몰라.
그러나 하나님은 '사랑의 하나님'이시잖아.
한 사람도 망하지 않고 구원 받길 원하신단다.

때로는 믿고 용서하기 싫은 사람이라도
우리는 그에게 사랑의 메시지를 전해야 해.
우리는 하나님의 자녀이니까.
오늘도 함께 사랑의 하나님을 닮아 가자.
네 삶에 사랑이 넘치길 축복해!

끝없는 사랑으로 품어 주시는 하나님,
우리 아이가 주님 앞에서 고집부리지 않고 주님의 말씀대로 순종하는 아이로 자라게 해주세요. 그래서 하나님의 사랑을 많은 사람들에게 전하게 해주세요. 예수님의 이름으로 기도드립니다. 아멘.

우리 아가의 처음 앨범

초음파 사진을 붙여 주세요!

년   월   일

♦♦♦

우리 아가와 함께 나누는 태교일기

Day 17

마리아 이야기

아가야, 너를 가져서 행복해

◆◆◆

마리아여 무서워하지 말라 네가 하나님께 은혜를 입었느니라 보라 네가 잉태하여 아들을 낳으리니 그 이름을 예수라 하라. 누가복음 1:30–31
Do not be afraid, Mary, you have found favor with God. You will be with child and give birth to a son, and you are to give him the name Jesus.

사랑하는 아가야

여기저기서 사람들이 출산일이
언제냐고 연락을 한단다.

몇 월 며칠이라고 말은 하지만
사실 아무도 그날을 알 수 없어.
그러기에 엄마 아빠는 주님만을 의지하며
하루하루를 보내고 있단다.
항상 감사함으로 기도드리고 있단다.

아가야, 출산의 때가 되면
엄마에게 신호를 잘 보내주렴.

오늘은 엄마처럼 아가를 가진
마리아 이야기를 들려줄게.

"나와 결혼해 주겠소?"

수줍은 미소로 청혼을 해온 요셉의 얼굴을 떠올리며
마리아는 행복한 미소를 지었어.
기분 좋게 노래를 흥얼거리며
집안일을 하고 있는데 갑자기 천사가 찾아왔어.

"은혜를 입은 여인이여, 평안하라!
네가 임신하여 아들을 낳을 것이니 그 이름을 '예수'라 하라.
그는 자기 백성을 죄에서 구원할 사람이니라."

마리아가 깜짝 놀라 말했어.

"그런데 천사님… 저는 처녀인데요.
어떻게 처녀가 임신을 할 수 있죠?"

천사가 대답했어.

"성령이 너에게 임할 것이다.
하나님께는 불가능한 일이 없단다."

마리아는 고개를 숙이며 겸손히 말했어.

"주의 여종이오니
그 말씀대로 이루어질 것을 믿어요."

DEAR BABY
아가야, 사랑하고 축복해

사랑하는 아가야
하나님은 우리가 상상하지 못하는
방법으로 일하신단다.
우리는 그분의 생각을 다 담을 수 없지만
겸손히 그분을 바랄 때
놀라운 일을 경험하게 될 거야.

무엇보다 우리를 구원하시기 위해
이 땅에 오신 예수님께 감사드리고
또한 우리 가정에 너를 보내주심을 감사드려.
하나님의 크심을 체험하는 네 평생이 되기를
그리고 복음으로 살아가는 네 평생이 되기를 축복해!

구원의 길을 열어 주신 하나님,
우리를 구원해주시기 위해 이 땅에 예수님을 보내주셔서 참 감사드려요. 우리 아이가 예수님을 믿고, 믿음으로 순종하는 아이가 되게 해주세요. 임신과 출산 기간 동안 성령님께서 함께 해주시고 지켜주세요. 예수님의 이름으로 기도드립니다. 아멘.

우리 아가와 함께 자라가는 부모연습

엄마 아빠는 너를 가졌다는 사실을 처음 알았을 때 기분이 이렇게 좋았단다!

♦♦♦

우리 아가와 함께 나누는 태교일기

Day 18

동방박사 이야기

별을 따라 여행을 떠나요

♦♦♦

유대인의 왕으로 나신 이가 어디 계시냐 우리가 동방에서 그의 별을 보고 그에게 경배하러 왔노라. 마태복음 2:2
Where is the one who has been born king of the Jews? We saw his star in the east and have come to worship him.

사랑하는 아가야

임신기간 동안에는 세 가지 덧을 한대.
입덧, 몸덧, 그리고 생각덧!
열 달 동안 입맛도 변하고 몸도 변하고
생각에도 변화가 있기 때문이야.

그래서인지 요즘 사소한 것에도 서운하고
조금만 걸으면 숨이 차고
좋아하던 음식도 쳐다보기 싫을 때가 있어.

이런 매일매일이 엄마에겐 새로운 도전이지만
건강하고 사랑스러운 너를
만날 것을 생각하면 가슴 설렌단다.
우리 만날 그날까지 힘내자!

오늘은 만왕의 왕이신
예수님이 태어나신 이야기를 들어보렴.

♪ 반짝반짝 작은 별
아름답게 비치네 ♪ (동요 반짝반짝 작은 별)

"저기 하늘을 봐!"

수많은 작은 별들 가운데
아주 큰 별이 눈부시게 반짝이고 있었어.

"수많은 별들 사이에서
유난히 밝고 큰 별이 나타났어.
드디어 위대한 왕이 나신 걸까?
우리 저 별을 따라가자."

동방의 박사들은
큰 별을 따라 먼 길을 떠났어.

드디어 큰 별이 멈추었어.
그곳은 바로 시골마을 베들레헴
아주 작고 누추한 마구간 위였어.

"드디어 찾았어! 바로 저기다!"

동방박사들이 마구간에 들어가니
아기 예수가 엄마 품에서
새근새근
잠을 자고 있었어.

동방박사들은 준비해 간
황금과 몰약과 유향을 드리며
아기 예수께 경배를 드렸어.

DEAR BABY
아 가 야 ,   사 랑 하 고   축 복 해

사랑하는 아가야
예수님은 작은 시골마을 마구간에서 태어나셨어.
내비게이션이 있어도 찾아가기 힘든 곳이었을 거야.
헤롯 왕도 예수님을 찾지 못했으니까 말이야.
그렇지만 하나님은 당신의 자녀들에게는
감추지 않고 모두 알려 주신단다.

하나님은 그분의 계획을 우리와 함께 나누길 원하셔.
엄마 아빠는 네가 하나님의 계획 안에서
그분의 마음에 합한 삶을 살아가기를 축복해!
함께 구주 예수님을 찬양할 그날을 기대하며
네가 태어날 날을 손꼽아 기다릴게!

우리의 걸음을 인도해주시는 하나님,
모든 순간마다 말씀해주시고 별과 같이 인도해주심에 감사드려
요. 우리 가정이 하나님의 말씀을 잘 듣고 따르는 가정이 되게
해주시고, 우리 아이가 하나님의 마음을 기쁘게 해드리는 아이
로 자라게 해주세요. 예수님의 이름으로 기도드립니다. 아멘.

우리 아가와 함께 자라가는 부모연습

엄마 아빠는 태어날 우리 아가를 위해 이런 선물들을 준비해놓았단다!

♦♦♦

우리 아가와 함께 나누는 태교일기

Day 19

어린 예수님 이야기

우리 아이를 잃어버렸어요

♦♦♦

어찌하여 나를 찾으셨나이까 내가 내 아버지 집에 있어야 될 줄을 알지 못하셨나이까. 누가복음 2:49
"Why were you searching for me?" he asked. "Didn't you know I had to be in my Father's house?"

사랑하는 아가야

네가 걸음마를 하려고
한 걸음 한 걸음 발을 뗄 때
엄마 아빠는 크게 박수치며 기뻐할 거야.
그리고 네 발에 꼭 맞는 신발을 선물하겠지?
그 첫 신발을 잡고 기도하고 싶어.

"하나님, 이 아이의 발이 가는 곳마다
하나님의 평안이 임하길 원합니다.
주님이 기뻐하시는 곳에
주님이 원하시는 곳에
꼭 있는 발이 되게 해주세요."

오늘은 어린 예수님의 발걸음이
어디로 향했는지 함께 따라가 볼까?

구구구구
비둘기 한 쌍을 들고 가는 마리아.
음매~
양들을 몰고 걸어가는 요셉.

그리고 그들의 아들 예수는
지혜롭고 건강한 열두 살 소년이 되었어.

예수님의 가족은
유월절을 보내기 위해 예루살렘에 왔다가
모든 것을 마치고 집으로 돌아가려는데
어? 예수가 보이지 않네.

요셉과 마리아는 크게 걱정하면서
이리저리 예수를 찾아다녔어.

"예수~ 예수~
예수야, 어디 있니?"
"혹시 열두 살 정도 된 아이를 못 보셨나요?"

사흘 동안 요셉과 마리아는 온 사방을 찾아다녔지만
도저히 찾을 수가 없었어.

혹시나 하고 다시 예루살렘으로 가보니
예수가 성전에서 율법학자들 틈에 앉아
듣기도 하고 묻기도 하고 있는 거야.

"얼마나 걱정했는지 알아!
엄마 아빠 안 따라오고 왜 여기에 있니?"

사실 예수님은 하나님의 아들이셨기에 성전에 계셨던 거야.
그래서 예수님은 이렇게 대답하셨어.

"저는 다만 아버지 집에 있었던 거예요!"

예수님은 어렸지만
자신이 어디에 있어야 하는지
잘 알고 계셨던 거야.

DEAR BABY
아 가 야 , 사 랑 하 고   축 복 해

사랑하는 아가야
예수님은 하나님의 아들이셨기 때문에
성전, 바로 아버지의 집에 계셨던 거야.
그분은 아직 어렸지만 자신이 어디서부터 왔고
자신의 사명이 무엇인지 정확하게 알고 계셨단다.

살면서 '내가 어디에 있는가' 하는 것은 정말 중요해.
엄마 아빠는 네가 커서
하나님이 계획하신 그 자리에서
너만의 꽃을 피우는 사람이 되기를 축복해!

우리를 향한 뜻을 가지고 계신 하나님,
서로 사랑 안에서 믿음의 가정을 이루게 해주셔서 감사해요. 하나님이 허락해주신 우리 아이를 하나님의 뜻대로 잘 키울 수 있도록 지혜를 주시고, 아이가 꼭 있어야 할 곳에서 하나님의 뜻을 이루게 해주세요. 예수님의 이름으로 기도드립니다. 아멘.

우리 아가와 함께 자라가는 부모연습

엄마 아빠는 우리 아가가 자라서 이런 사람이 되었으면 좋겠어!

◆◆◆

우리 아가와 함께 나누는 태교일기

Day 20

베드로 이야기

난 사람을 낚는 어부야

♦♦♦

예수께서 시몬에게 이르시되 무서워하지 말라 이제 후로는 네가 사람을 취하리라 하시니 그들이 배들을 육지에 대고 모든 것을 버려 두고 예수를 따르니라. 누가복음 5:10

Then Jesus said to Simon, "Don't be afraid; from now on you will catch men." So they pulled their boats up on shore, left everything and followed him.

사랑하는 아가야

지금 네가 있는 곳이 어디인 줄 아니?
바로 '자궁'이라는 곳이야.
자궁은 히브리어로 레헴(rechem)으로
'귀여워하다, 사랑하다, 자비를 베풀다'라는 뜻이래.
그러니까 네가 있는 곳은 사랑과 긍휼의 장소란다.

이렇듯 네 삶은
사랑과 긍휼의 장소에서 시작되었고
앞으로도 하나님의 사랑과 긍휼이
항상 너와 함께 할 거야.
어때, 엄청 감사하고 행복하지?

오늘은 예수님이 앞으로 함께 할
사랑하는 제자를 부르시는 이야기란다.

끼룩끼루룩
갈매기가 하늘을 날고 있어.

배를 타고 있던 베드로는
털썩 주저앉고 말았어.

"에휴~ 밤새도록 그물을 던졌는데
물고기를 한 마리도 못 잡다니…"

그때 예수님이 말씀하셨어.
"깊은 곳에 그물을 던져 보아라."

"뭐라고요?
밤새 그물을 던졌지만 한 마리도 못 잡았다고요.
하지만 선생님이 말씀하시는 대로 한 번 해볼게요."

베드로가 예수님의 말씀대로
깊은 곳에 가서 그물을 던지자
우와! 우와!
그물이 찢어질 정도로 물고기가 많이 잡혔어.

배에 있던
야고보와 요한도 깜짝 놀랐어.

시몬 베드로는 예수님 앞에 무릎을 꿇고 말했어.
"주님, 제게서 떠나십시오. 저는 죄인입니다."

그러자 예수님이 말씀하셨어.
"베드로야, 두려워하지 말거라.
내가 너를 사람 낚는 어부가 되게 할 것이다!"

그날부터 베드로는
예수님을 따르는 제자가 되었단다.

DEAR BABY
아 가 야, 사 랑 하 고 축 복 해

사랑하는 아가야
베드로는 물고기를 낚는 평범한 어부였지만
예수님을 만나 그분의 제자가 되기로 결심했어.
이제는 물고기가 아닌
사람을 낚는 어부가 되기로 말이야.

모든 인생은
예수님을 만나기 전과 후가 완전히 다르단다.
엄마 아빠는 우리 아가가
예수님을 만나고 그분을 따르는
인생을 살아가기를 축복해!

우리를 제자 삼으시는 하나님,
베드로가 자신의 삶의 터전에서 예수님을 만났던 것처럼 우리도 각자의 삶 속에서 매 순간 예수님을 만나고 동행하는 삶을 살게 해주세요. 우리 아이가 예수님의 참 제자로 살아가기를 간절히 바라며 예수님의 이름으로 기도드립니다. 아멘.

우리 아가와 함께 자라가는 부모연습

엄마 아빠가 복음을 전할 사람들을 소개해줄게. 함께 기도해주렴!

♦♦♦

우리 아가와 함께 나누는 태교일기

Day 21

오병이어 이야기

꼬마의 행복한 도시락

♦♦♦

여기 한 아이가 있어 보리떡 다섯 개와 물고기 두 마리를 가지고 있나이다. 요한복음 6:9
Here is a boy with five small barley loaves and two small fish.

사랑하는 아가야

네가 있어 엄마는
날마다 새로운 경험을 한단다.
그동안 몰랐었던 냉장고 냄새가 뭔지도 알게 됐고
순간순간 먹고 싶은 음식도 막 떠올라.
그리고 방금 잠을 잤는데도 또 졸음이 오고
감정 변화도 심해져서
갑자기 슬픈 눈물이 터지기도 해.

정말 당황스럽지?
내 안에 새로운 생명을 받아들이는 데는
시간이 필요한가 봐.
우여곡절을 거치며 적응하고 있으니까
우리 얼굴 보는 그날까지 즐겁게 지내자.

오늘은 오병이어 이야기를 들려줄게.
예수님이 얼마나 놀라운 분이신지 만나보렴.

우와~
들판에 사람들이 가득 모여 있네.

이 사람들은 모두
예수님의 말씀을 들으려고 모인 거야.

예수님께서 제자 빌립에게 물어보셨어.

"이들이 배가 많이 고프겠지?
어디에서 떡을 사와
이 많은 사람들을 먹일 수 있을까?"

빌립은 고민했어.
여기는 떡집도 밥집도 아무것도 없는
빈 들판이었으니까.

게다가 남자 어른만 오천 명!
여자와 아이들까지 하면
만 명이 넘는 사람들이 모였는데
어디서 그 많은 떡을 살 수 있겠어!

빌립은 고개를
절레절레
내두르며 말했어.

"예수님, 사람들에게 조금씩 걸어도
많이 부족할 것 같아요."

바로 그때 제자 안드레가
한 아이를 데리고 예수님께 왔어.
아이는 보리떡 다섯 개와
물고기 두 마리를 들고 있었어.

"저… 예수님,
이 도시락을 드리고 싶어요."

예수님은 아이가 가져온
떡과 물고기를 들고
하나님께 기도를 드리셨어.

"하나님, 일용할 양식을 주셔서 감사드려요!
자, 이제 이 음식을 사람들에게 나누어 주어라."

그러자 정말 놀라운 일이 일어났어.
모두가 도시락을 나누어 먹었는데
모자라기는커녕
열두 바구니나 남은 거야!
도대체 어떻게 된 일일까?

생명의 떡이신 예수님은
못하시는 일이 하나도 없단다!

DEAR BABY
아가야, 사랑하고 축복해

사랑하는 아가야
작은 것이라도 나누면
그때 기적이 일어난단다.
정말 신기하지 않니?

움켜지면 움켜질수록 없어지고
나누면 나눌수록 더 많아지는 것!
그것이 하나님 나라의 법칙이야.

다른 사람을 위해 나눠주는 마음,
엄마 아빠는 네가 그런 마음을 가진
아이가 되어줄 거라 믿고 기도드려!

우리를 긍휼히 여겨 주시는 하나님,
우리 아이가 나눔으로써 풍성해지고 나눔으로써 채워지는 기적의 삶을 살게 해주세요. 예수님처럼 긍휼이 많은 사람으로 성장하게 해주세요. 그리고 우리 가족 모두가 나눔의 통로가 되게 해주세요. 예수님의 이름으로 기도드립니다. 아멘.

우리 아가와 함께 자라가는 부모연습

엄마는 우리 아가가 태어났을 때, 아빠가 꼭 해줬으면 하는 일들이 있어!

♦♦♦

우리 아가와 함께 나누는 태교일기

Day 22

우물가의 여인 이야기

내가 주는 물을 마시렴

이 물을 마시는 자마다 다시 목마르려니와 내가 주는 물을 마시는 자는 영원히 목마르지 아니하리니 내가 주는 물은 그 속에서 영생하도록 솟아나는 샘물이 되리라. 요한복음 4:13–14

Everyone who drinks this water will be thirsty again, but whoever drinks the water I give him will never thirst. Indeed, the water I give him will become in him a spring of water welling up to eternal life.

사랑하는 아가야

너를 갖게 된 이후로 엄마 아빠는
좋은 습관을 가지려고 노력하고 있어.

말하는 것도 조심조심!
마시는 것 하나까지도 조심조심!
정말 부모가 되어가는 것 같아.
너를 향한 우리의 사랑이
가득 전해지면 좋겠구나.

오늘은 영원히 목마르지 않는
물에 대해 들려줄게.
엄마 아빠도 그 '물'을 아주 많이 사모한단다.
그 '물'이 무엇인지 궁금하지?

햇볕이 쨍쨍
뜨겁게 내리쬐는 정오.

예수님은 홀로 우물가에 앉아 쉬고 계셨어.
제자들이 먹을 것을 사러 다 마을로 내려갔거든.

그때 한 사마리아 여인이
물을 길러 왔어.

"나에게 마실 물을 좀 주시오."

"네? 저한테 하시는 말씀이세요?"

여인은 깜짝 놀랐어.
당시에 유대인들은 사마리아인들과
상대도 하지 않았거든.

"이 물을 마시는 사람은 다시 목마르게 되지만
내가 주는 물을 마시는 사람은 다시는 목마르지 않단다."

여인은 매우 기뻤어.
늘 사랑에 목말라했지만
어디서도 온전한 사랑을 받을 수 없어 괴로웠거든.

우리 예수님은 이렇게
슬프고 외롭고 힘든 마음에
사랑의 생수를 부어 주셔.

"괜찮아, 괜찮아.
내가 여기 있단다!"

이렇게 따스하게 위로해주셔.

DEAR BABY
아가야, 사랑하고 축복해

사랑하는 아가야
이 세상의 그 어떤 것도 우리 마음을
백 퍼센트 만족시켜 줄 수 없단다.

사람의 마음엔 하나님만으로 만족되는
빈 공간이 있기 때문이야.
그래서 스스로 그 빈 공간을
채우려 하면 할수록 공허해질 뿐이지.

이 시간 네 마음 가득히
예수님의 사랑이 채워지길 축복해!

우리의 만족되시는 하나님,
이 시간 찾아오셔서 우리 마음을 주님의 사랑으로 채워 주세요.
우리 아이가 살면서 경험할 슬픈 마음과 외로운 마음을 어루만
져 주세요. 아이의 평생이 오직 주님으로만 만족하게 해주세요.
예수님의 이름으로 기도드립니다. 아멘.

우리 아가와 함께 자라가는 부모연습

엄마 아빠가 '임신 40주 성경통독'을 꾸준히 잘 하고 있는지 점검해볼게!

♦♦♦

우리 아가와 함께 나누는 태교일기

Day 23

삭개오 이야기

엉금엉금 뽕나무 위로

예수께서 그곳에 이르사 쳐다 보시고 이르시되 삭개오야 속히 내려오라 내가 오늘 네 집에 유하여야 하겠다 하시니. 누가복음 19:5
When Jesus reached the spot, he looked up and said to him "Zacchaeus, come down immediately. I must stay at your house today."

사랑하는 아가야

누군가에게 들었는데 말이야.
우리 손가락이 열 개인 이유는
엄마 배 속에서 지내는 10개월 동안
받은 사랑을 기억하기 위해서래.

너와 함께 하는 이 시간들이
전부 사랑으로 기억되었으면 좋겠구나.
엄마 아빠에게는 이 시간들이
아주 소중하고 특별하단다.

오늘은 우리가 널 만나고 싶어하듯
간절하게 예수님을 보고파했던
키 작은 삭개오에 대해 들려줄게.

웅성웅성
사람들이 모여 있네.

"예수님이 우리 마을에 왔다고?
대체 어떤 분이실까?"

삭개오는 있는 힘을 다해 제자리 뛰기를 했어.

폴
짝

그러나 아무리 높이 뛰어도
예수님은 보이지 않았어.
삭개오는 키가 아주 작았거든.

"예수님은 어떤 분이실까?"

삭개오는 궁금해서 참을 수가 없었어.

"그래! 나무 위로 올라가자!"

삭개오는 옆에 있는 뽕나무로
엉금엉금 올라갔어.

그때 예수님이 삭개오에게 말씀하셨어.

"삭개오야,
거기서 빨리 내려오렴.
오늘 밤 네 집에 머물고 싶은데 괜찮겠니?"

"네? 저희 집에 오시겠다구요?"

사람들은 수군거렸어.

"아휴~ 정말 말도 안 돼!"
"흥! 삭개오는 세금을 걷으려고
우리를 괴롭히는 나쁜 자인데~"

하지만 삭개오는 매우 기뻐서
예수님께 말했어.

"예수님! 저 이제 달라질 거예요.
제가 가진 재산의 반을
가난한 사람들에게 나눠 줄 거고요.
남을 속여서 받은 것이 있다면
네 배로 갚을 거예요."

사람들은 이해할 수 없었지만
예수님은 이처럼
죄인을 구원하시기 위해 이 땅에 오신 거야.

DEAR BABY
아가야, 사랑하고 축복해

사랑하는 아가야
하나님은 우리를 찾아오시는 분이란다.
우리가 두려울 때, 위축되었을 때
약함 때문에 앞으로 나아가지 못할 때
하나님은 먼저 우리에게 손을 내밀어 주셔.
누구보다도 가까운 친구가 되어 주시지.

예수님은 죄인의 친구이시고
잃어버린 자를 구원하기 원하시거든.
하나님은 한 순간도 우리를 잊지 않으신단다.
평생 주님의 은혜가 너와 함께 하기를 축복해!

가장 좋은 친구가 되어 주시는 하나님,
외로울 때나 두려울 때나 언제든지 저희를 찾아와 위로해주시고 회개할 수 있도록 해주셔서 감사드려요. 저희 아이가 구원자 되시는 예수님을 날마다 찾고 의지하도록 도와주세요. 예수님의 이름으로 기도드립니다. 아멘.

우리 아가와 함께 자라가는 부모연습

엄마 아빠는 우리 아가를 순산할 수 있도록 이런 노력들을 할 거야!

우리 아가와 함께 나누는 태교일기

Day 24

어린아이 이야기

하늘나라 주인공은 바로 너야

어린아이들을 용납하고 내게 오는 것을 금하지 말라 천국이 이런 사람의 것이니라. 마태복음 19:14
Let the little children come to me, and do not hinder them, for the kingdom of heaven belongs to such as these.

사랑하는 아가야

불룩 불룩~
활발히 태동하는 너를 느낄 때
우리가 정말 한가족이라는 생각이 들어.

엄마 아빠는 배 속에 있는 너를 생각하며
좋은 음악을 듣고 밤마다 산책하고
배를 쓰다듬으며 이야기를 나누는데
너도 잘 들리니?
네가 배 속에서 딸꾹질을 하면
마치 "저 여기 있어요~" 하는 것 같아 귀여워.

사랑스러운 우리 아가야
오늘은 예수님이 어린아이들을
얼마나 사랑하시는지 들려줄게.

예수님의 말씀을 들으러 어른 아이 상관없이 가득 몰려들었어.

"왜 사람들이 저리로 몰려가지?"
"몰랐어? 예수님이 오셨대."
"그래? 어서 가서 기도받아야겠다."
"나도 우리 아이를 데려가야지."

재잘재잘 재잘재잘
까르르까르르

아이들이 떠드는 소리에
제자들은 화가 나서 큰 소리로 말했어.
"조용히 하고 저리 가!
여기는 어른들만 오는 곳이야."

그러자 예수님께서 제자들을 타이르셨어.

"어린아이들이 내게 오는 것을 막지 말거라.
하늘나라는 이런 어린아이와 같은 자들의 것이란다."

예수님은 아이들 한 명 한 명을 안아주시고
머리에 손을 얹고 기도해 주셨어.

예수님은 아이들을 사랑하시는 분이야!

DEAR BABY
아 가 야 , 사 랑 하 고   축 복 해

사랑하는 아가야
예수님은 어린아이들을 사랑하신단다.
티 없이 맑고 순수한 마음
있는 그대로 누군가를 사랑하는 마음
항상 자신을 낮추는 마음
아이들의 마음은 천국을 닮은 것 같아.

아가야, 예수님이 널 사랑하시듯
엄마 아빠도 너를 많이 사랑한단다.
너는 어디를 가든
사랑받고 환영받는 사람이 될 거야!

천국의 소망을 주시는 하나님,
천국에서 큰 자인 소중한 아이를 우리 가정에 선물로 주셔서 감사해요. 아이와 함께 하면서 하나님의 나라를 배우고 또 전하기를 원합니다. 우리 아이가 평생 어린아이의 겸손한 마음을 잃지 않도록 도와주세요. 예수님의 이름으로 기도드립니다. 아멘.

우리 아가의 처음 앨범

초음파 사진을 붙여 주세요!

년   월   일

♦♦♦

우리 아가와 함께 나누는 태교일기

Day 25

물 위를 걸은 이야기

물 위를
사뿐사뿐 걸어 봐

베드로가 대답하여 이르되 주여 만일 주님이시거든 나를 명하사 물 위로 오라 하소서. 마태복음 14:28
"Lord, if it's you," Peter replied, "tell me to come to you on the water."

사랑하는 아가야

네가 태어나면 꼭 하고 싶은 것이 있어.
바로 '캥거루 케어'라고 하는 거야.
엄마 혹은 아빠가 아기의 피부가 직접 닿도록
배꼽에서 가슴까지 완전히 밀착시켜
두어 시간 안고 있는 거래.

그러면 아기가 안정감을 얻고
건강하게 자랄 수 있다고 해.
그런데 사실 하나님께서
날마다 우리를 그렇게 돌봐주신단다.

오늘은 폭풍 가운데
찾아오신 예수님의 이야기를 들어볼래?

우르르 쾅쾅!

"파도가 점점 거세지고 있어."
"이러다가 배가 뒤집힐 것 같아."
"으악!"
"왜 그래?"
"저…저기… 물 위에 사람이 있어!"
"으악, 가까이 오지 마!"

제자들은 캄캄한 밤 폭풍 가운데
물 위를 걸어오는 사람을 보고
두려움에 벌벌 떨었어.

"안심하거라~ 바로 나란다. 그러니 두려워하지 말렴."

바로 예수님이셨어.
베드로는 예수님께 말했어.

"정말 예수님이라면 저도 물 위를 걷게 해주세요."

"그래, 오너라!"

베드로는 예수님을 바라보고
물 위를 사뿐사뿐 걸어가기 시작했어.

휘이이잉 휘이이잉

그런데 불어오는 바람소리에 베드로는 겁이 덜컹 났어.

"으악!"

베드로가 물속으로 풍덩!

"베드로야, 네 믿음이 아직 적구나.
왜 의심을 하였느냐?"

예수님은 베드로를 이끌고 배에 올라 타셨어.
그러자 정말 신기한 일이 일어났어.
그렇게 무섭게 일던 풍랑과 파도가 잠잠해졌단다.

DEAR BABY
아 가 야 , 사 랑 하 고   축 복 해

사랑하는 아가야
예수님의 제자들은 한밤중에
풍랑을 만나 배 안에서 벌벌 떨었어.
그러나 예수님만 바라보면
베드로처럼 물 위를 걸을 수 있단다.

우리는 두려워하지 말고 믿음으로
늘 주님을 향해 나아가야 해.
엄마 아빠는 우리 아가가
힘든 상황일수록
하나님을 바라보는 믿음이
더욱 굳세어지기를 축복해!

폭풍도 잠잠케 하시는 하나님,
출산을 앞두고 여러 두려운 생각에 사로잡힐 때가 많이 있어요.
그럴 때마다 예수님을 바라봄으로써 믿음이 더해지는 임신 기간이 되게 해주세요. 그리고 우리 아이가 어떠한 어려움 가운데 있든지 굳센 믿음으로 주님을 바라보게 해주세요. 예수님의 이름으로 기도드립니다. 아멘.

우리 아가와 함께 자라가는 부모연습

엄마 아빠는 출산을 앞두고 느끼는 불안한 마음을 서로 나누고 기도할게!

♦♦♦

우리 아가와 함께 나누는 태교일기

Day 26

선한 사마리아인 이야기

호~ 호~
많이 아팠죠?

♦♦♦

네 생각에는 이 세 사람 중에 누가 강도 만난 자의 이웃이 되겠느냐. 누가복음 10:36
Which of these three do you think was a neighbor to the man who fell into the hands of robbers?

사랑하는 아가야

헤르만 헤세의 '한 가지 소원'에 이런 이야기가 나와.
출산한지 얼마 안 된 여인에게 한 노인이 물었지.
"아이가 어떤 아이로 자라나면 좋겠소?"
"모든 사람에게 사랑받는 아이로 자라면 좋겠어요."
그러자 정말 놀랍게도 모든 사람이 아이를 사랑하기 시작했어.
그 모습을 본 엄마는 행복했지.

그런데 아이는 자랄수록 점점 버릇이 없고 교만해졌어.
뭔가 잘못되었다는 것을 깨달은 어머니는
예전에 만났던 그 노인을 찾아가 간곡히 부탁했어.
"예전에 했던 제 소원을 취소해주세요.
저희 아이가 사랑받는 사람이 아닌
사랑을 줄 줄 아는 사람이 되게 해주세요."

참 맞는 이야기인 것 같아!
엄마 아빠는 네가 사랑을 받을 줄도, 줄 줄도 아는
마음이 건강한 아이가 되기를 바래.
오늘 이야기가 바로 베푸는 사랑에 대한 것이란다.

어떤 사람이 예루살렘에서 여리고로 가고 있었어.

"거기서 꼼짝 마! 가진 거 다 내놔!"

갑자기 무서운 강도들이 나타난 거야.
강도들은 그가 가진 것을 다 빼앗고
옷을 벗겨 많이 때린 후에 도망쳤어.

때마침 한 제사장이 길을 지나다가 그를 보게 되었어.

"아이쿠, 깜짝이야! 누가 쓰러져 있네.
예배시간에 늦었으니 얼른 피해서 가자."

다음에는 한 레위인이 그를 발견했어.

"아이고. 무서워!
나도 강도를 만날지 모르니 어서 도망가야지."

그 다음에는 한 사마리아 사람이 그를 발견했어.

"쯧쯧쯧, 얼마나 아플까!"

사마리아 사람은 그의 아픈 상처에 약을 발라 주고
여관으로 데리고 갔어.

"이보게, 여관 주인~ 여기 은화 두 개를 받으시오.
내가 돌아올 때까지 이분을 잘 보살펴 주어야 합니다."

예수님은 이 이야기를 다 마치시고 이렇게 물으셨어.

"이 세 사람 중에 누가 강도 만난 자의 이웃이라고 생각하니?"

DEAR BABY
아가야, 사랑하고 축복해

사랑하는 아가야
너는 누가 강도 만난 사람의
진정한 이웃이라고 생각하니?
맞아, 사마리아 사람이야.
우리는 누군가가 힘들어 할 때
"기도할게요, 다 잘될 거예요~"라고 쉽게 말하지만
실제로 그를 도와주려고 하지는 않는 것 같아.

엄마 아빠는 우리 아가가
앞으로 만나게 될 친구와 사람들에게
예수님의 사랑을 실천하는
진짜 이웃이 되어주기를 바라고 축복해!

참 사랑을 보여 주신 하나님,
저희 아이가 힘들고 아픈 사람을 만날 때마다 그냥 지나치지 않고 사랑을 실천하게 해주세요. 말이 아니라 행동으로 사랑과 믿음을 나타내는 아이로 자라게 해주세요. 예수님의 이름으로 기도드립니다. 아멘.

우리 아가와 함께 자라가는 부모연습

엄마는 매일 말로만 운동을 한다고 그랬는데 오늘은 '임신기간 운동계획표'를 잘 짜볼게!

♦♦♦

우리 아가와 함께 나누는 태교일기

Day 27

탕자 이야기

집 떠나면 고생이야

이 내 아들은 죽었다가 다시 살아났으며 내가 잃었다가 다시 얻었
노라 하니 그들이 다 즐거워하더라. 누가복음 15:24
For this son of mine was dead and is alive again; he was lost and
is found. So they beaga to celebrate.

사랑하는 아가야

너와 내가 '연결' 되어 있다는 사실이
얼마나 놀라운지 몰라.
마음뿐만 아니라
네 몸과 내 몸이 탯줄로 이어져 있잖아.
세상에 이런 관계가 또 있을까?

하나님과 우리도
사랑의 탯줄로 '연결' 되어 있단다.
그래서 우리는 그분과 연결되어 있을 때
가장 평안하고 행복해.

오늘도 그 행복한 이야기 한 번 들어볼래?

꿀꿀 냠냠
꿀꿀 냠냠

누군가가 돼지들이 맛있게 밥을 먹는 모습을
부러운 듯 바라보고 있어.

"아~ 배고파.
저거라도 먹어야겠어!"

우걱우걱 우걱우걱

"내가 어쩌다가 이런 거지가 됐지?
왜 아버지 맘을 아프게 하고 집을 나와 허랑방탕하게 살았을까?
우리 집에는 먹을 게 참 많았는데~ 안되겠다!
굶어 죽느니 아버지께 돌아가서 종으로라도 받아 달라고 하자."

작은아들은 초라한 모습으로 아버지 집을 향해 출발했어.

그때 멀리서 아들을 발견한 아버지가
한걸음에 달려왔어.

"우리 아들! 우리 아들이 살아 돌아왔구나.
아빠는 매일매일 너를 애타게 기다렸단다!"

"아버지, 정말 죄송해요.
제가 잘못했어요.
저를 이 집의 종으로라도 받아주세요."

아버지는 아들을 도닥이며 말했어.

"아들아, 너는 내가 잃어버렸다가 다시 찾은 소중한 아들이란다!
여봐라, 돌아온 작은아들에게 가장 좋은 옷을 입히고
손가락에 반지를 끼우고 신을 신겨라.
오늘 잔치를 열자꾸나!"

나중에 이 사실을 안 큰아들은 많이 서운했어.
집 나간 동생에게만 잘 해주신다는 생각이 들었거든.
큰아들도 작은아들도 아버지가 자신들을
얼마나 사랑하는지 모르는 것 같아.

DEAR BABY
아가야, 사랑하고 축복해

아가야
사랑해! 사랑해!
말로 다할 수 없는
하나님의 사랑과 엄마 아빠의 사랑을
네가 날마다 느낄 수 있으면 좋겠구나.

어떤 상황에 있든지
너는 온전히 사랑받는 존재이고
존귀하며 보배로운 사람이라는 것을
잊지 않기를 기도드리고 축복해!

은혜를 베풀어 주시는 하나님,
우리 아이가 언제 어디에 있든지 하나님의 사랑을 힘입어 승리하게 해주시고, 혹여 잘못을 했을 때는 바로 회개하게 해주세요. 그래서 아버지의 마음을 기쁘게 해드리는 자녀가 되게 해주세요. 예수님의 이름으로 기도드립니다. 아멘.

우리 아가와 함께 자라가는 부모연습

너를 향한 사랑을 가득 담아 엄마 아빠가 축복송(때로는 너의 앞에 2절)을 불러줄게!

"너는 택한 족속이요 왕 같은 제사장이며 / 거룩한 나라 하나님의 소유된 백성 / 너의 영혼 우리 볼 때 얼마나 사랑스러운지 / 너의 영혼 통해 큰 영광 받으실 하나님을 찬양 오 할렐루야."

우리 아가와 함께 나누는 태교일기

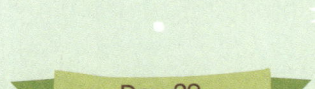

십자가 이야기

너를 위해 달린 십자가란다

예수께서 큰 소리로 불러 이르시되 아버지 내 영혼을 아버지 손에 부탁하나이다 하고 이 말씀을 하신 후 숨지시니라. 누가복음 23:46

Jesus called out with a loud voice, "Father, into your hands I commit my spirit." When he had said this, he breathed his last.

사랑하는 아가야

네가 처음으로 "엄마!"라고 말하면 기분이 어떨까?
네가 너무 기특하고, 장하고, 사랑스럽고…
기쁘겠지?
여기저기서 축하의 인사도 받을 거야.

그런데 말이야
네가 처음으로 "싫어!"
"엄마 미워!"라는 말을 한다면 그땐 어떨까?
그때도 너를 사랑의 눈으로 바라볼 수 있을까?

휴~ 생각만 해도 마음에서
쿵! 하는 무거운 소리가 들린다.

엄마가 되는 길
그 길고 긴 시간을 잘 걸어갈 수 있을지
자신은 없지만 매일매일 기도하고 말씀 읽으면서
하나님의 사랑을 구하는 엄마가 될게.

오늘은 우리를 위해 십자가의 길을 걸으신
예수님의 사랑의 발자취를 따라가 보자.

"바라바!"
"바라바를 석방하라!"

빌라도는 고민했어.
두 명의 죄수 중
한 사람을 풀어 줘야 하는데
누구를 풀어 줘야 할지 말이야.

바라바는 못된 강도고
예수는 유대인의 왕이라고
주장하는 것밖에 죄가 없는데…

'누굴 풀어 줄까?'

사람들은 계속 외쳤어.

"바라바!"
"바라바!"

빌라도는 사람들의 마음을 만족시키기 위해
바라바를 풀어 주고
자신은 책임이 없음을 보여 주기 위해
모두가 보는 앞에서 손을 씻으며
예수님을 십자가에 못 박으라고 했어.

쿵
쿵
쿵

탕
탕
탕

예수님을 십자가에 못 박는 소리가
텅 빈 하늘에 울려 퍼졌어.

엉 엉

여기저기서 우는 소리가 들렸지만
로마 군사들은 오히려 비웃으면서
창으로 예수님의 허리를 찌르고
속옷까지 나눠 가졌어.

피를 다 흘리신 예수님은
하늘을 바라보며 말씀하셨어.

"아버지, 아버지!
어찌하여 저를 버리시나요?"

죄가 없으신 예수님은 우리를 대신해서 죽으심으로
하나님과의 관계를 다시 회복시켜 주신 거야.

DEAR BABY
아 가 야, 사 랑 하 고 축 복 해

사랑하는 아가야

예수님께서 우리 죄를 대신하여

십자가에 못 박혀 돌아가셨단다.

그래서 우리는 용서받고

깨끗함을 입어

하나님을 "아버지!"라고 부를 수 있게 된 거야.

이것이 엄마 아빠가 믿는 믿음이고 신앙이란다.

아가야, 그 십자가의 사랑이

네 삶 속에서 날마다 감사함으로

고백되어지길 축복해!

천국의 소망을 주시는 하나님,
우리 때문에 십자가에 달려 구원의 길을 열어 주신 예수님께 감사드려요. 우리 아이가 날마다 십자가의 은혜 안에 살게 해주시고, 항상 다른 사람의 죄와 허물을 용서해 주는 사람이 되게 해주세요. 십자가의 사랑이 아이의 삶 속에 그대로 흘러가게 해주세요. 예수님의 이름으로 기도드립니다. 아멘!

우리 아가와 함께 자라가는 부모연습

엄마 아빠는 우리를 살리시기 위해 십자가를 지신 예수님을 잠잠히 묵상하려고 해!

"그가 찔림은 우리의 허물 때문이요 그가 상함은 우리의 죄악 때문이라 그가 징계를 받으므로 우리는 평화를 누리고 그가 채찍에 맞으므로 우리는 나음을 받았도다." 이사야 53:5

♦♦♦

우리 아가와 함께 나누는 태교일기

Day 29

부활 이야기

무덤 문이 활짝 열렸네

어찌하여 살아 있는 자를 죽은 자 가운데서 찾느냐 여기 계시지 않고 살아나셨느니라. 누가복음 24:5-6
Why do you look for the living among the dead? He is not here; he has risen!

사랑하는 아가야

우리에게 엄마 아빠라는
이름을 선물해줘서 고마워!
아직도 실감이 나진 않지만
하루하루 기다림의 시간을 통해서
부모가 되어가는 것 같아.

분명 많이 서툴고 부족한 게 많을 거야.
그렇지만 최선을 다하고 싶어.
네게 가장 좋은 것으로 준비해주고 싶어.
우리 힘을 합쳐서 순~풍! 건강하게 만나자.

오늘은 죽음을 이기시고 부활하신
예수님의 이야기를 기쁘게 들려줄게.

흑흑흑 흑흑흑

"예수님이 돌아가시다니 너무 슬퍼.
어서 무덤으로 가 보자."

막달라 마리아와 요안나
그리고 야고보의 엄마 마리아가
향료와 향유를 들고
예수님의 무덤으로 갔어.

"어머나 세상에!"
"왜?"
"무슨 일이야?"
"예수님의 시신이 사라졌어!"

그때 두 천사가 나타나서 말했어.

"너희들은 살아 계신 예수님을
왜 죽은 사람의 무덤에서 찾고 있느냐?
예수님은 살아나셨다!"

"예수님이 살아나셨다구요?
맞다, 맞어! 그렇게 말씀하셨잖아."

여인들은 예수님께서
전에 하셨던 말씀이 생각났어.

"아, 그렇구나.
사흘 만에 성전을 다시 세우신다는 말씀이
다시 살아나신다는 뜻이었구나!"

"어서 달려가 이 기쁜 소식을 전하자!"

여인들은 예수님이 다시 살아나신
놀랍고 기쁜 소식을
사람들에게 전하기 시작했어.
제자들도 부활하신 예수님을 만났단다.

DEAR BABY
아가야, 사랑하고 축복해

사랑하는 아가야
예수님은 우리 죄를 대신해서
십자가에 달려 돌아가시고
사흘 만에 다시 살아나셨어!
이것을 믿음으로 고백하면
우리는 사망에서 생명으로 옮겨진단다.

아가야, 죽음도 이기신 그 사랑과 생명으로
네가 이 땅에서 좁은 길, 십자가의 길을
담대히 걸어갈 수 있기를 기도하고 축복해!

영원한 생명을 주시는 하나님,
우리를 죽음에서 건져 영원한 생명을 주심에 참 감사드려요. 새 생명을 통하여 하나님의 사랑이 매일 넘치도록 해주세요. 우리 아이가 십자가를 꼭 붙들고 끝까지 승리하는 삶을 살게 해주세요. 예수님의 이름으로 기도드립니다. 아멘.

우리 아가와 함께 자라가는 부모연습

엄마 아빠가 언제 어떻게 예수님을 영접하게 되었는지 짧은 신앙고백을 들려줄게!

♦♦♦

우리 아가와 함께 나누는 태교일기

Day 30

바울 이야기

난 이전의 나와 완전히 달라

♦♦♦

땅에 엎드러져 들으매 소리가 있어 이르시되 사울아 사울아 네가 어찌하여 나를 핍박하느냐. 사도행전 9:4
He fell to the ground and heard a voice say to him, "Saul, Saul, why do you persecute me?"

사랑하는 아가야

지금 이 시간에도 하나님은
네 손과 발, 피부, 머리카락, 뼈…
모든 부분을 세밀하그
완벽하게 만들고 계시단다.

이보다 더 놀라운 것은 예수님을 만나면
우리의 모든 것이 새롭게 변화된다는 거야.
바로 새 사람이 되는 거지!

오늘은 예수님을 만나 완전히 변화된
사울, 아니 바울의 이야기를 들려줄게.

다그닥 다그닥
히잉~

힘차게 달리던 사울의 말이 그 자리에 멈춰 섰어.

"저 밝은 빛은 무엇이지? 으악, 눈이 보이지 않아!"

사울은 갑작스럽게 비친 빛에 놀라서 땅에 엎드렸어.
그때 어디선가 소리가 들렸어.

"사울아, 사울아, 왜 나를 핍박하느냐?"

"당신은 누… 누구신가요?"

"나는 네가 핍박하는 예수다.
일어나 성으로 들어가거라.
네가 해야 할 일을 가르쳐 줄 사람이 있을 것이다."

주님은 아나니아에게도 말씀하셨어.

"일어나 사울을 찾아가 그를 위해 기도해주거라."

아나니아는 처음엔 두려웠지만
사울을 찾아가 기도해주었어.

"세상에 이럴 수가!"

사울의 눈에서 비늘 같은 것이 떨어져 나가더니
다시 볼 수 있게 된 거야.

사울은 그동안 예수님 믿는 사람들을 괴롭혀왔는데
이후로는 죽음도 두려워하지 않고
예수님의 복음을 전하는 사람이 되었어.

때론 광주리에 달려
도망을 치기도 하면서 말이야.

사울은 이름도 바울로 바꾸고
여러 나라를 다니면서 복음을 전했단다.

"예수 믿으세요!
예수 믿으세요!
예수 믿고 구원 받으세요!"

DEAR BABY
아 가 야 , 사 랑 하 고   축 복 해

사랑하는 아가야
사울은 예수님을 만나고
인생이 완전히 바뀌게 되었어.
예수님을 핍박하던 그가
예수님을 전파하는 사람이 되었지.

사실 우리는 내가 누구인지
무엇을 위해 이 땅에 왔는지 잘 모르고 태어나.
그러나 예수님을 만나면 모든 것을 깨닫게 된단다.
아가야, 예수님을 만남으로 성령님과 동행하며
하나님의 마음에 합한 사람이 되길 축복해!
아주 많이 사랑해!

우리를 새롭게 하시는 하나님,
우리 아이를 주님의 손에 맡겨 드려요. 아이가 예수님을 뜨겁게
만나 자신의 사명을 깨닫고 복음을 위해 쓰임 받는 인생이 되게
해주세요. 우리의 욕심대로 아이를 키우지 않고 말씀으로 키우
도록 도와주세요. 예수님의 이름으로 기도드립니다. 아멘.

우리 아가의 처음 앨범

만삭 사진을 붙여 주세요!

년   월   일

♦♦♦

엄마 아빠는 우리 아가를 품고 있던
임신 기간 동안 정말로 기쁘고 행복했어.
우리 곧 건강하게 만나자!

부록

임신 40주
성경통독 체크리스트

주의 말씀의 맛이 내게 어찌 그리 단지요 내 입에 꿀보다 더 다니이다. 시편 119:103
How sweet are your words to my taste, sweeter than honey to my mouth!

사랑하는 아가야

엄마 아빠는 삶의 나침반을
오직 하나님의 말씀으로 삼고
살아가기로 결단했단다

우리 가정이
말씀을 즐거이 묵상하그
말씀에 순종하는 삶을 살며
말씀 위에 인생을 견고하게 세운다면
얼마나 행복할까!

우리의 첫 성경일독을 위해
엄마 아빠를 열심히 응원해주렴.
너도 함께 해줄 거지?

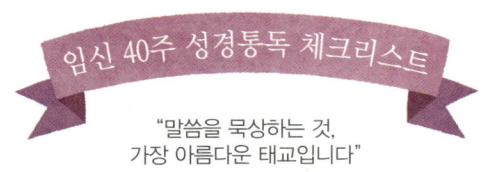

"말씀을 묵상하는 것,
가장 아름다운 태교입니다"

하루에 다섯 장씩 읽으면 임신 기간에 성경을 통독할 수 있습니다!

시작한 날: 년   월   일

통독한 날: 년   월   일

• 구약

	1	2	3	4	5	6	7	8	9	10	11	12	13	14	15	16
창세기	17	18	19	20	21	22	23	24	25	26	27	28	29	30	31	32
	33	34	35	36	37	38	39	40	41	42	43	44	45	46	47	48
	49	50														
	1	2	3	4	5	6	7	8	9	10	11	12	13	14	15	16
출애굽기	17	18	19	20	21	22	23	24	25	26	27	28	29	30	31	32
	33	34	35	36	37	38	39	40								
레위기	1	2	3	4	5	6	7	8	9	10	11	12	13	14	15	16
	17	18	19	20	21	22	23	24	25	26	27					
	1	2	3	4	5	6	7	8	9	10	11	12	13	14	15	16
민수기	17	18	19	20	21	22	23	24	25	26	27	28	29	30	31	32
	33	34	35	36												
	1	2	3	4	5	6	7	8	9	10	11	12	13	14	15	16
신명기	17	18	19	20	21	22	23	24	25	26	27	28	29	30	31	32
	33	34														
여호수아	1	2	3	4	5	6	7	8	9	10	11	12	13	14	15	16
	17	18	19	20	21	22	23	24								
사사기	1	2	3	4	5	6	7	8	9	10	11	12	13	14	15	16
	17	18	19	20	21											
룻기	1	2	3	4												

"또 어려서부터 성경을 알았나니 성경은 능히 너로 하여금 그리스도 예수 안에 있는 믿음으로 말미암아 구원에 이르는 지혜가 있게 하느니라" 딤후 3:15

사무엘상	1	2	3	4	5	6	7	8	9	10	11	12	13	14	15	
	26	27	28	29	30	31										
사무엘하	1	2	3	4	5	6	7	8	9	10	11	12	13	14	15	16
	17	18	19	20	21	22	23	24								
열왕기상	1	2	3	4	5	6	7	8	9	10	11	12	13	14	15	16
	17	18	19	20	21	22										
열왕기하	1	2	3	4	5	6	7	8	9	10	11	12	13	14	15	16
	17	18	19	20	21	22	23	24	25							
역대상	1	2	3	4	5	6	7	8	9	10	11	12	13	14	15	16
	17	18	19	20	21	22	23	24	25	26	27	28	29			
역대하	1	2	3	4	5	6	7	8	9	10	11	12	13	14	15	16
	17	18	19	20	21	22	23	24	25	26	27	28	29	30	31	32
	33	34	35	36												
에스라	1	2	3	4	5	6	7	8	9	10						
느헤미야	1	2	3	4	5	6	7	8	9	10	11	12	13			
에스더	1	2	3	4	5	6	7	8	9	10						
욥기	1	2	3	4	5	6	7	8	9	10	11	12	13	14	15	16
	17	18	19	20	21	22	23	24	25	26	27	28	29	30	31	32
	33	34	35	36	37	38	39	40	41	42						
시편	1	2	3	4	5	6	7	8	9	10	11	12	13	14	15	16
	17	18	19	20	21	22	23	24	25	26	27	28	29	30	31	32
	33	34	35	36	37	38	39	40	41	42	43	44	45	46	47	48
	49	50	51	52	53	54	55	56	57	58	59	60	61	62	63	64
	65	66	67	68	69	70	71	72	73	74	75	76	77	78	79	80
	81	82	83	84	85	86	87	88	89	90	91	92	93	94	95	96
	97	98	99	100	101	102	103	104	105	106	107	108	109	110	111	112
	113	114	115	116	117	118	119	120	121	122	123	124	125	126	127	128
	129	130	131	132	133	134	135	136	137	138	139	140	141	142	143	144
	145	146	147	148	149	150										

책																	
잠언	1	2	3	4	5	6	7	8	9	10	11	12	13	14	15	16
	17	18	19	20	21	22	23	24	25	26	27	28	29	30	31	
전도서	1	2	3	4	5	6	7	8	9	10	11	12				
아가	1	2	3	4	5	6	7	8								
이사야	1	2	3	4	5	6	7	8	9	10	11	12	13	14	15	16
	17	18	19	20	21	22	23	24	25	26	27	28	29	30	31	32
	33	34	35	36	37	38	39	40	41	42	43	44	45	46	47	48
	49	50	51	52	53	54	55	56	57	58	59	60	61	62	63	64
	65	66														
예레미야	1	2	3	4	5	6	7	8	9	10	11	12	13	14	15	16
	17	18	19	20	21	22	23	24	25	26	27	28	29	30	31	32
	33	34	35	36	37	38	39	40	41	42	43	44	45	46	47	48
	49	50	51	52												
예레미야애가	1	2	3	4	5											
에스겔	1	2	3	4	5	6	7	8	9	10	11	12	13	14	15	16
	17	18	19	20	21	22	23	24	25	26	27	28	29	30	31	32
	33	34	35	36	37	38	39	40	41	42	43	44	45	46	47	48
다니엘	1	2	3	4	5	6	7	8	9	10	11	12				
호세아	1	2	3	4	5	6	7	8	9	10	11	12	13	14		
요엘	1	2	3													
아모스	1	2	3	4	5	6	7	8	9							
오바댜	1															
요나	1	2	3	4												
미가	1	2	3	4	5	6	7									
나훔	1	2	3													
하박국	1	2	3													
스바냐	1	2	3													
학개	1	2														
스가랴	1	2	3	4	5	6	7	8	9	10	11	12	13	14		
말라기	1	2	3	4												

- 신약

책																
마태복음	1	2	3	4	5	6	7	8	9	10	11	12	13	14	15	16
	17	18	19	20	21	22	23	24	25	26	27	28				
마가복음	1	2	3	4	5	6	7	8	9	10	11	12	13	14	15	16
누가복음	1	2	3	4	5	6	7	8	9	10	11	12	13	14	15	16
	17	18	19	20	21	22	23	24								
요한복음	1	2	3	4	5	6	7	8	9	10	11	12	13	14	15	16
	17	18	19	20	21											
사도행전	1	2	3	4	5	6	7	8	9	10	11	12	13	14	15	16
	17	18	19	20	21	22	23	24	25	26	27	28				
로마서	1	2	3	4	5	6	7	8	9	10	11	12	13	14	15	16
고린도전서	1	2	3	4	5	6	7	8	9	10	11	12	13	14	15	16
고린도후서	1	2	3	4	5	6	7	8	9	10	11	12	13			
갈라디아서	1	2	3	4	5	6										
에베소서	1	2	3	4	5	6										
빌립보서	1	2	3	4												
골로새서	1	2	3	4												
데살로니가전서	1	2	3	4	5											
데살로니가후서	1	2	3													
디모데전서	1	2	3	4	5	6										
디모데후서	1	2	3	4												
디도서	1	2	3													
빌레몬서	1															
히브리서	1	2	3	4	5	6	7	8	9	10	11	12	13			
야고보서	1	2	3	4	5											
베드로전서	1	2	3	4	5											
베드로후서	1	2	3													
요한일서	1	2	3	4	5											
요한이서	1															
요한삼서	1															
유다서	1															
요한계시록	1	2	3	4	5	6	7	8	9	10	11	12	13	14	15	16
	17	18	19	20	21	22										

- 본 저작물의 성경이야기 삽화의 한국어 저작권은 브뤼케에이전시(BRUECKE Agency)를 통해 독일 Verlag Herder GmbH, Freiburg im Breisgau 출판사와 일러스트 작가 Betina Gotzen-Beek와 독점 계약한 '도서출판 토기장이'가 소유합니다.

- 특별한 표기가 없는 모든 성경구절은 개역개정성경, NIV를 인용한 것입니다.

매일매일 엄마랑 아기랑
말씀태교동화

1판 1쇄	2016년 12월 15일
1판 7쇄	2023년 10월 30일

글	김태은
그림	베티나 고첸-비크
발행인	조애신
편집	이소연
디자인	임은미
마케팅	전필영, 권희정
경영지원	전두표

발행처	도서출판 토기장이
주소	서울시 마포구 동교로 71-1 신광빌딩 2F
출판등록	1998년 5월 29일 제1998-000070호
전화	02-3143-0400
팩스	0505-300-0646
이메일	tletter77@naver.com
인스타그램	togijangi_books_

ISBN	978-89-7782-371-6

- 이 책은 저작권 법에 따라 보호를 받는 저작물이므로 무단 전재와 무단 복제를 금합니다.
- 이 책의 전부 또는 일부를 이용하려면 반드시 저자와 도서출판 토기장이의 동의를 받아야 합니다.

도서출판 토기장이는 생명 있는 책만 만듭니다.
"우리는 진흙이요 주는 토기장이시니 우리는 다 주의 손으로 지으신 것이니이다" (이사야 64:8)